李学勤　罗哲文　俞伟超　曾宪通　彭卿云

帝国飘摇

李　默／主编

中华文明是人类历史上最伟大的文明之一，是人类文明发展的主要构成。中华文明丰富、深刻、辉煌、博大，在人类文明中的骨干作用和领导作用人所共知。在人类文明的发源时期，中华文明就是四大古文明之一，是地球上文化的策源地之一。

中国·广州

图书在版编目（CIP）数据

帝国飘摇 / 李默主编 . — 广州 : 广东旅游出版社，2013.1（2024.8 重印）
ISBN 978-7-80766-461-1

Ⅰ . ①帝… Ⅱ . ①李… Ⅲ . ①中国历史—明代—通俗读物 Ⅳ . ① K248.09

中国版本图书馆 CIP 数据核字 (2012) 第 296805 号

出 版 人：刘志松
总 策 划：李　默
责任编辑：张晶晶　梁诗淇
装帧设计：腾飞文化　盛世书香工作室
责任校对：李瑞苑
责任技编：冼志良

帝国飘摇
DI GUO PIAO YAO

广东旅游出版社出版发行
（广东省广州市荔湾区沙面北街 71 号首、二层）
邮编：510130
电话：020-87347732（总编室）020-87348887（销售热线）
投稿邮箱：2026542779@qq.com
印刷：三河市嵩川印刷有限公司
（河北省廊坊市三河市杨庄镇肖庄子村）
开本：650 × 920mm　16 开
字数：105 千字
印张：10
版次：2013 年 1 月第 1 版
印次：2024 年 8 月第 3 次印刷
定价：45.80 元

出版者识

《话说中华文明》是一部全景式图文并茂记录中国文明历史的大书。出版者穷数年之力，会集各方力量——专家、学者、编辑、学术顾问们，在浩如烟海的历史档案、资料、著作中，探珍问宝，追寻中华文明在悠悠历史长河中的灿烂之光。此书的出版，凝聚了编撰者的心血，学术顾问们的智慧。尤其是李学勤先生，亲自动笔写下了序言，更增加了本书沉甸甸的分量。

中华文明的历史充满了辉煌与苦难，成就和挫折。它的历史无处不在，决定着我们中国人今天的思想和感情。当今的中国和中国人是中华文明的历史造就的，是中华文明的历史的延伸，也是它的一个组成部分，中华文明的历史之河奔流到现在。

中华文明是人类历史上最伟大的文明之一，是人类文明发展的主要构成。中华文明丰富、深刻、辉煌、博大，在人类文明中的骨干作用和领导作用人所共知。在人类文明的发源时期，中国就是四大古国之一，是地球上文化的策源地之一。在人类文明的早期，中华文明成为文明在东方的支柱，公元前后200年间，人类的汉帝国与罗马帝国这两只铁手攫住了地球。在欧洲进入中世纪的时候，中华文明更成为人类文明最主要的领导，它的文明统治东亚，传遍世界。进入近代，中华文明处于自身的重压和西方的欺凌下，但中国人民的斗争史和奋起精神是人类文明历史中不可缺少的一页。

五千年的中华文明为人类贡献出了从思想家孔子到科学技术的四大发明、从唐诗宋词到长城运河的伟大创造，贡献出了从诸子百家到宋明理学，从商周铜器到明清文学的深刻内涵，也贡献出了从五霸七强到三国纷争、从文景之治到十大武功的辉煌历史。中华文明的历史绚烂多彩，在人类文明的历史长河中永放光芒。

中华文明也是人类历史上最独特的文明，没有哪一个文明像中华文明这样持久，这样统一一致。世界上其他文明不但互相交错，其创造者也都与高加索体质的人种有关，它们是姐妹文明。在人类历史中，只有中华文明才是独特的，它的创造者是中国土地上的中国人民，与其他任何地方的人民都没有关系，它的文化是统一一致的文化，可以不依赖于其他任何文明而生存，但中华文明也绝不是封闭的，它接受他人的文化，也承担自己对于人类的责任。

人类进入新世纪，中国的社会经济发展令世人瞩目。人们对于世界未来的政治和经济结构的估计无不以东亚和太平洋为中心，而尤以中国为重点。

经济起飞只是当代中国的一个方面，中国的精神文明的建设尤为刻不容缓。如果中国要自觉地发展中华文明，要有意识地使中国的发展具有世界意义，就必须发展强有力的精神文化，这样才能使中华文明的发展进入一个新的阶段，才能形成中国和中华文明的全面现代化。

而中国的精神文化的发展植根于中华文明的伟大传统之中。进入近代之后，在西方文化的冲击下，对于中国文化的价值产生大量的情绪化和激烈冲突的论调。“五四”运动打倒孔家店的口号具有冲破封建束缚的时代意义，对中国文化的发展有不容否认的正面意义，与文化虚无主义是完全不同的。文化虚无主义者否定中国传统文化，在现代化的旗帜下主张全盘西化；而复古主义则沉迷于中国文化的古董，走进反进步、反科学的泥潭。

历史的发展则超越了所有这些论点，产生这些论调的一百多年来的中国近代史已经结束。历史要求中国发展，要求中国走在全世界发展的前列。西化论和复古论都已过时，历史已经要求世界超越西方，中国可以承担起世界的命运，而中国的现实和世界的历史都说明，中国的使命在于它的发展前进，而非倒退。

中华文明走出迷惘的时代，我们这一代处在一个伟大而具有挑战的历史阶段。

总结历史、展望未来，这就是《话说中华文明》的意义和使命。我们创作《话说中华文明》，力求总结和回顾中华文明的全貌，在内容和形式上都开创一个新的局面。在内容结构上，既具有一定的深度，又具有相当的广博性，既有严谨、准确的学术价值，又有活泼、流畅的可读性。我们在本丛书内容纳了中华文明的各个方面，使它综合了大规模学术著作的系统性、严密性和普及读物的全面性、简易性，它既可作为大型工具书检索中华文明的各个成分，又可作为通俗的读物进行浏览。

我们从上世纪 90 年代初起就开始思考中华文明的历史和现实问题，并逐渐形成了编著《话说中华文明》的设想。在开展这项庞大的文化工程之始，我们就聘请了国内权威学者李学勤、罗哲文、俞伟超、曾宪通、彭卿云诸先生担任学术顾问，他们对计划作了充分讨论，并审阅了大量初稿。我们聘请了广州、香港地区的社会科学学者、大学教师、研究生以及我社编辑人员几十人担任稿件的撰写工作。

通过创作这部书，我们深深地感受到了中华文明的博大精深，也感受到了它的内在缺陷。中华文明具有辉煌的时期，也有苦难的年代，有它灿烂的成就，也有其不足的方面。中华文明在自身中能够吸取充分的经验和教训，就能够使自身健康壮大，成长发展。

通过创作这部书，我们也深深感受到了出版事业的使命和重任。我们希望这部书能受到广大读者的喜爱，起到它所应当起的作用。为中华文明的反省、前进和奋起作一点贡献。

目录

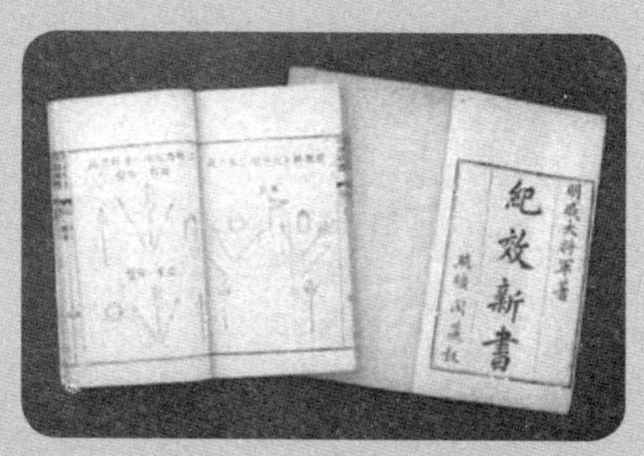

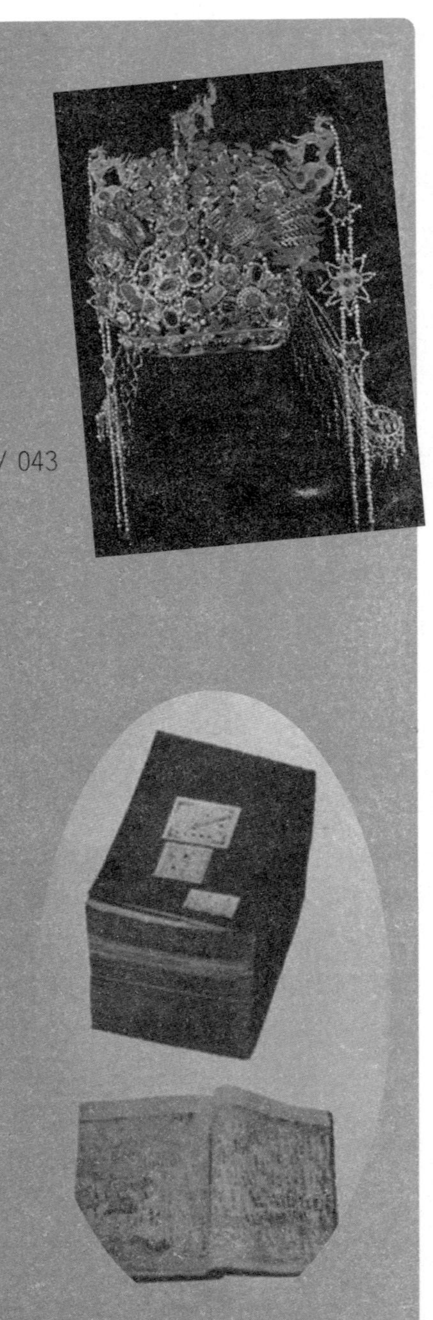

帝国飘摇

明
朝

1551～1560A.D.

明朝

1551A．D．明嘉靖三十年

正月，锦衣卫经历沈《链以劾严嵩》十大罪，被杖，贬佃于保安州。

1552A．D．明嘉靖三十一年

三月，命仇鸾巡边，四月，鸾出塞，大败。鞑靼犯辽东。八月，仇鸾死，严嵩发其通敌纳贿事，诏戮鸾尸，传首九边。俺答犯大同。十月，南京御史王宗茂劾严嵩八大罪，被贬为县丞。

1553A．D.明嘉靖三十二年

正月，兵部员外郎杨继盛以劾严嵩十大罪、五奸，下狱。海贼汪直勾结倭寇掠江、浙沿海。俺答扰辽东，别部攻甘肃、大同，七月，遂分道大举入犯。

1554A．D．明嘉靖三十三年

为统筹剿倭，置总督大臣，督理南京、浙江、山东、两广、福建等处军务，便宜从事，命张经为之。六月，俺答犯大同。

1555A．D．明嘉靖三十四年

正月，倭寇犯乍浦、海宁，陷崇德，攻德清。二月，以张经办理倭事无效，又命赵文华区处防倭。

五月，张经督师大破倭于王江泾，张经为赵文华所劾，下狱。

1556A．D．明嘉靖三十五年

正月，扰福建之倭一支入浙江，被歼。五月，俞大猷败倭于黄浦。浙江之倭陷仙居，趋台州，大败。

七月，胡宗宪诱勾倭之奸民徐海使内讧。官军乘之败倭于乍浦。八月，徐海等败死，自是两浙倭势渐弱。

1557A．D．明嘉靖三十六年

二月，俺答犯大同降；三月，别部老把都儿犯永平；济农亦犯大同。

胡宗宪诱海贼汪直降，汪直降旋被杀，其党遂流入闽广界。葡萄牙在澳门设置官吏和学校。

1558A．D．明嘉靖三十七年

十一月，俞大猷逐倭出浙江界。

1559A．D．明嘉靖三十八年

俺答犯土木，九月，又犯宣府。是岁，名画家文征明死。杨慎死。

1551A．D.

坎特伯里大主教克朗麦公布《四十二条款》，其中规定之大部分原则，构成后来英国国教会之基本守则。

加派地方银两

嘉靖二十八年（1549）八月，明世宗朱厚熜诏令户部详细核实全国财赋收入数目。

户部奏称自嘉靖十年以后，太仓每年入银200万两，近年来除修边、奖赏、赈灾等项费用外，一年大约支出347万两，超支147万两。至于本年度更是入不敷出，京师和边防费每年增加至595万两。明政府为扭转币藏匮竭的局面，决定征收田赋加派。

嘉靖三十年（1551）正月十九日，户部以各边招募兵力日益增加，饷额过倍为辞，决定除北直隶、山西、陕西、河南、广西、贵州和淮安、扬州、庐州、凤阳、邳州、徐州诸省州郡或已募兵、或修边墙、或已雇募外，南京、浙江等地加派银120万两，相当于本年全国田赋总额的60%，此为自正德九年（1514）十二月为收复遭火灾的乾清宫全国加派田赋银100万两后又一次田赋加派。田赋加派加重了人民的赋税负担，但所得巨款大部分为宦官、大臣和将领所吞没，以致欠饷累累，军怨沸腾，民不聊生。

改革钱法

明朝统治者在货币体制上较为注重纸币，开国以后对铜钱的铸造和使用时开时禁，民间盛行纸币、白银或实物交易。嘉靖六年（1527）因纸币宝钞膨胀过度不能再用。恢复铸钱，大铸“嘉靖通宝”，每文重一钱三分。嘉靖三十二年（1553）十一月，由于民间私铸泛滥、恶钱充斥市场，物价日益腾贵，明世宗诏令工部补铸洪武、永乐、洪熙、宣德、正统、天顺、成化、弘治、正德九种年号钱，每种一百万锭，嘉靖钱一千万锭，一锭五千文。而洪武初年所定钱法，钱分小平、折二、折三、折五、当十共五种，五种铜钱之法量

明代钱币

与实量完全一致，但弘治、嘉靖改定钱法为每小钱十文重一两二钱至一两三钱，因法量过重，九种年号钱常被民间销毁重铸私钱，未被销毁者则深藏不用，结果恶钱仍充斥市面，银与恶钱的比价由一两银抵三四千文涨至五六千文。为改变这种状况，明世宗于嘉靖三十三年（1554）三月初八日采用御史何廷钰的意见，下诏改革钱法，规定嘉靖制钱七文当银一分，洪武等年号钱十文当银一分，前代杂钱三十文当银一分，私造的恶小钱停止使用。此诏表明明之铜钱无一定价值标准，钱轻银重。而小钱流行较久，人民因骤然革除颇感不便；户部拨内库钱给官员俸禄不限定银与钱比价，无论钱之善恶新旧一律以七文当银一分交易。民间竟铸嘉靖钱，令户部无法统辖。由于恶钱充斥，支出以恶钱为先，加以课税征银不征钱，明世宗改定的钱法后来没有实行。

倭患日烈·昏官祭海

自浙江巡抚朱纨抗倭招祸自杀后，倭患愈演愈烈。

嘉靖三十一年（1552）四月二十四日，有“五峰船主”之称的海盗王直派部下大头目徐海、陈东、萧显、麻叶等人，引导倭寇一万多人，驾船一千多艘，从浙江舟山、象山县等处登岸，劫掠台州、温州、宁波、绍兴，攻城略寨，杀掳居民，抢劫财物，浙东、浙西、江南、江北同时告警。五月，倭寇又攻陷黄岩县。七月二十二日，明世宗采纳给事中王国桢、御史朱瑞登复设都御

史的意见，命山东巡抚、右佥都御史王忬提督军务，巡视浙江，兼辖福建福（州）、兴（化）、漳（州）、泉（州）诸府。王忬赴任后，即任用参将俞大猷、汤克宽等统领诸将整饬战备，布列沿海各镇堡，严加防倭，抗击倭寇。嘉靖三十二年（1553），倭寇又大举进犯东南沿海。闰三月二十八日，王直勾引倭寇，出动战船百余艘，在浙江台州、宁波、嘉兴、湖州、苏州、松江、淮北等滨海数千里地区内大肆屠杀劫财，并掳掠人口，“男则导行，战则令前驱”，所掳妇女，“昼则缫丝，夜则聚而淫之”。沿海海盗乘机身着倭服，悬挂倭旗，四出抢掠。“凶徒、逸闪、罢吏、黠僧及衣冠失职，书生不得志、群不逞者皆为倭奸细，为之向导。”真倭不过十分之三，从倭竟达十分之七。倭寇气焰嚣张，继闰三月二十九日攻破浙江昌国卫后，四月又侵犯太仓、巨浦、平湖、海盐、海宁、上海、江阴等地，奸淫掳掠，无恶不作。六月，温、台、宁、绍、杭、嘉、湖、苏、扬、淮十府各州、县、卫、所被倭寇焚掠共二十多处。十一月，倭寇又进犯抢劫常熟、上海、嘉定。明军虽作抵抗，但未能有效阻止倭寇作乱。

嘉靖三十三年（1554），倭寇每月都兴兵侵犯沿海地区，大肆劫掠。正月掠苏州、松州各州县，占据南沙长达五月；二月再犯松江府；三月北攻通州、

《浙江濒海地图》从中可看出明政府在沿海设置卫所，修筑堡垒，以防倭寇侵扰。

泰州，焚烧各地盐场，山东震动；同时再犯宁波普陀山；四月再犯嘉兴、通州，攻陷嘉善、崇明等地，大败明军于孟宗堰；五月劫掠苏州昆山县；六月转掠嘉兴，大败明军都指挥夏光部；七月流劫嘉善；八月进犯嘉定县城，在采淘港大败明军；九月侵犯海门县；十月占领拓林等地；十一月分兵劫掠嘉兴、湖州二府；十二月又焚掠秀水、归安、嘉善。嘉靖三十四年（1555）正月，徐海勾结萨摩、肥前等地倭寇又犯浙江，攻陷巨浦、海宁、崇德、德清，围攻杭州，"数十里外，血流成川。"

鉴于倭寇屡犯江南沿海，二月十五日，工部右侍郎赵文华继巡抚应天都御史周琉一周前上疏言御倭十难三策后，上疏明世宗论防倭七事，迎合皇上崇信道教的心理，提出应派官员到江南祭海神和督视江南军情。明世宗听信严嵩之言，于二月二十一日命赵文华祭告海神并视察江南抗倭军情。时人指斥朝廷遣官祭告海神"颠倒是非"，劳民伤财，扰乱地方。

杨继盛等疏劾严嵩

嘉靖三十二年（1553）正月二十三日，兵部武选司郎中杨继盛上任刚一月，即以忠君报国为己任，继去年十月南京御史王宗茂疏劾严嵩八大罪后，再次上疏弹劾严嵩十大罪五大奸。十大罪是：一、破坏祖宗罢丞相、设阁臣、备顾问的成法，处处以丞相自居，无丞相之名而有丞相之权；二、以陛下之喜怒作威作福，窃取君上之奖惩任罢大权；三、谎称陛下之善政是采用自己的建议，掩没圣上之功；四、委重权于子严世藩，致京师有

杨继盛像

"大丞相、小丞相"之谣；五、重用亲朋私党，冒领朝廷军功；六、大量受贿，引用奸臣；七、外敌入侵，害怕作战，耽误军机；八、把持大权，顺我者昌，逆我者亡；九、视贿金多少为文武官员升迁之标准，致使贪污剥削盛行，大失天下民心；十、自专权以后，贿赂成风，官吏争相投机取巧，败坏天下风俗。五大奸指：一、陛下之左右皆为严嵩之间谍；二、陛下之喉舌皆为严嵩之鹰犬；三、陛下之爪牙皆为严嵩之瓜葛；四、陛下之耳口皆为严嵩之奴隶；五、陛下之臣工皆为严嵩之心腹。奏疏还希望陛下听臣之言，察嵩之奸，或可召问裕、景二王，或询问诸臣，及早将嵩正法或罢其官职，以全国体。严嵩得知杨继盛疏劾后，极力挑拨离间，并指摘"召问二王"为一大罪状，致使明世宗大怒，将杨继盛廷杖一百，下狱拷打。杨继盛刚强不屈，视死如归。同年二月，兵部武选司署郎中周冕又弹劾严嵩党羽冒领军功，又遭下狱毒打，并削职为民。三月，巡按云贵御史赵锦又从千里之外上疏明世宗，弹劾严嵩破坏祖宗成规，自居丞相，结党营私，招财纳贿，致使朝廷用人不当，赏罚失准，民穷国匮，外患迭起，并请罢免严嵩。明世宗宠信严嵩，不顾朝臣多次弹劾严嵩，以"欺天谤君"罪逮捕赵锦，杖四十，并革职为民。

浙江抗倭蒲壮所城

拓建京师外城

明成祖朱棣迁都北京后，开始对北京城进行改建，营造宫殿，宏伟壮丽，正统时又修补城墙，内土外砖，使城墙更为坚固，但终究有城无郭。嘉靖二十一年（1542），都御史毛伯温因边患日重，上疏奏请筑京师外城，但因户、工二部经费困绌未能兴工。嘉靖三十二年（1553）三月三十日，兵科给事中朱伯辰上疏认为城外居民和商旅云集以及边境多衅，奏请按土城故址进行规划，修筑京师外城。明世宗采纳他的建议，命工部勘查，并于同年闰三月十九日动工兴建，由总督戎政严江伯陈圭等人提督工程，锦衣卫都指挥佥事刘鲸等人负责监工。因一时财政拮据，外城只着手修筑南面一

故宫护城河，河宽52米，环绕长约3公里的宫墙。

部，即城基东折转北接城东角，西折转北接城西角，历时七个月，至十月二十八日完工。

外城计长 28 里，墙基厚 2 丈，收顶 1.2 丈，高 1.8 丈，上面用砖再筑腰墙垛口 0.5 丈，共高 2.3 丈。墙外取土筑城，因以为濠。故北京城似“凸”字形。

至此，北京城由外城、内城（元外城）、皇城和宫城四重城垣组成。明世宗欣然赐名：正阳外门称永定，崇文外门称左安，宣武外门称右安，大通桥门称广渠，彰义街门称广安。

张经俞大猷大败倭寇

嘉靖三十四年（1555）五月，总督张经、副总兵俞大猷大败倭寇于王江泾。

嘉靖三十三年（1554）五月，明世宗采纳给事中王国桢等人请设总督大臣的建议，任命南京兵部尚书张经兼右副都御史，总督南直隶、浙江、山东、福建、两广军务，专事剿倭，但又命张经“剿抚并行，毋误事机”，致倭寇继续为祸东南各省。嘉靖三十四年（1555）五月，盘踞柘林（今上海市奉贤县南）的倭寇会合新倭四千多人突然进犯嘉兴府。视察江南军情的工部右侍郎赵文华急于立功，催促张经出战。张经拟调齐从广西来的士兵后再发动进攻，但又怕赵文华泄露军机，不肯先期告知他。赵文华即上疏密告张经“养寇失机”。明世宗偏听偏信下令逮捕张经。正在此时，张经调遣的兵将齐集，遂派参将卢镗督领士兵水陆夹击。保靖宣慰使彭荩臣在石塘湾首战倭寇，倭军败走。张经命副总兵俞大猷和永顺宣慰司官彭翼南合兵出击，倭寇败走王江泾（嘉兴北）。在王江泾，倭寇受到俞大猷、彭翼南和彭荩臣各部的前后夹击，被斩 1980 多人，焚溺而死无数，残部逃归柘林坚守不出。张经、俞大猷令明军火烧柘林，倭寇仓惶驾船出海逃遁。

王江泾大捷是明军抗倭战争以来最大的一次胜利，被称为“自有倭患来，此为战功第一”。

王江泾大捷后，张经受严嵩、赵文华和浙江巡按御史胡宗宪的陷害入狱致死，俞大猷也被借故逮捕入狱。抗倭战争的领导权落入赵文华、胡宗宪手中，东南沿海的倭寇势力又猖獗起来。

张经李天宠杨继盛被杀

自兵部武选司郎中杨继盛嘉靖三十二年（1553）正月疏劾严嵩十罪五奸被下狱后，廷臣们多次上疏营救。严嵩认为不能养虎自贻后患，必欲置杨继盛于死地，只因明世宗起初无意诛杀杨继盛，只得伺机而发。嘉靖三十四年（1555）五月，抗倭总督张经督师取得王江泾大捷。严嵩亲信、视察江南军情的工部右侍郎赵文华竟在张经报捷前秘密上疏，谎称王江泾大捷是他督师出战的结果，并诬陷张经“糜饷殃民，畏贼失机”。首辅严嵩也在明世宗面前说赵文华所言都是实情，并诬称苏、松人都怨恨张经。明世宗气愤而于五月十六日诏令逮捕张经来京，并不顾张经奏明进兵抗倭实情，将张经下狱论死。同年六月十九日，巡抚浙江右佥都御史李天宠因倭寇进犯嘉兴、秀水、归安、崇德等地而遭赵文华诬陷嗜酒失事，被罢免官职，不久，取代其职的胡宗宪亦劾其纵容倭寇。七月二十五日，明世宗下诏逮捕李天宠。严嵩估计明世宗必杀张经、李天宠，于是将杨继盛名字附在张经之后奏报。嘉靖三十四年（1555）十月二十九日，张经、李天宠、杨继盛一同在西市被处死。杨继盛临刑赋诗曰：“浩气还太虚，丹心照千古。平生未报恩，留作忠魂补。”张经、李天庞抗倭有功，杨继盛弹劾权臣，最终遭严嵩、赵文华诬陷而死。此为嘉靖年间严嵩专权政治腐败之明证。

陕西山西大地震

嘉靖三十四年（1555）十二月十二日，陕西和山西大部分地区发生八级特大地震。

十二日午夜，陕晋大地地裂城塌，道路塌陷，据奏报被压死的官吏和军民就有82万多人，而未经奏报的不知姓名的遇难者更是不可胜数。陕西华州（今华县）的地面崩裂成涧，地下涌水成泉，城墙、祠宇和房屋毁于一旦，被压

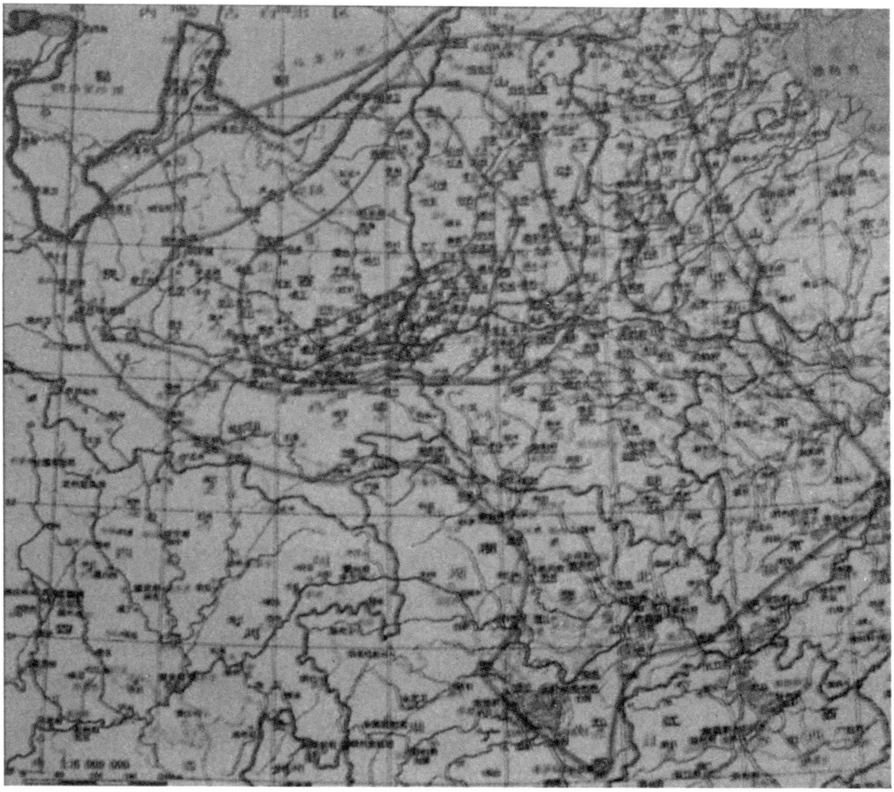

根据历史资料绘制的嘉靖三十四年中国陕晋大地震震线图

死的官民达六成。渭南一夜连续震动20多次，地裂几十处，深者达二三十丈，导致渭水往北迁徙四五里，死者近半。潼关和咸宁的城墙绝大部分都被震塌。山西蒲州、临晋、荣河的城垣、祠宇和庐舍尽毁，压死官员、居民和牲畜以几十万计。闻喜、绛县、河津等地的城墙多数塌毁，压死人畜无数。这次地震震级八级，震中烈度Ⅺ，最远破坏距离约达450公里，最远有震感距离约为八百公里，波及了陕西、山西、京师、山东、南直隶（今江苏）、汉南、湖广七省130多个府、州、县，其中95个府、州、县都遭到不同程度的破坏，如京师获鹿连续三次震动，毁坏许多城郭和房屋。由于这次地震范围大、破坏力强，以致许多灾区几年都完不了税。

胡宗宪计破倭寇·擒王直

胡宗宪自嘉靖三十五年（1556）二月接替杨宜总督沿海军务后，设计劝王直部下大头目“天差平海大将军”徐海受抚。徐海同意投降，并奉命袭击盘踞在吴淞江的倭寇，斩寇三十多人，立功赎罪。与此同时，胡宗宪又令总兵俞大猷焚烧徐海的战船，致徐海害怕而以其弟徐洪为人质，并向胡宗宪献上坚甲、名剑。胡宗宪厚待徐洪，并以世爵为诱饵，设计分化徐海与另两名海盗头目陈东和叶麻的关系。徐海中计擒陈东、叶麻两人献于官军，并率部五百人前往巨浦（今浙江平湖县东南），扎营梁庄。嘉靖三十五年（1556）七月二十五日，官军一举焚毁巨浦倭寇巢穴，歼敌三百多人，焚溺死者三百多人。

胡宗宪《筹海图编》

倭寇残部狼狈逃往海上，指挥邓城率兵追击，全歼倭寇。翌月，徐海到平湖投降胡宗宪，并受命驻屯沈家庄受抚。胡宗宪设计令徐海部与陈东部相斗，总兵俞大猷乘机率兵攻克沈家庄，徐海投水而死。明军又在大隅岛主击破倭寇，擒辛五郎，并将他与徐洪、陈东、叶麻一道解往京师。徐海余部败走舟山，被俞大猷围歼，江南、浙西倭患暂告平息。

胡宗宪与“五峰船主”王直同为徽州府人，巡抚浙江时即令徽州府逮捕王直的母亲和妻子。先囚在金华监狱，后为引诱王直而安置在杭州，生活上善为照顾，并命人持其家书招抚王直。王直知道家属安然无恙，又见部众多被剿灭，准备接受招抚。嘉靖三十六年（1557）九月二十七日，王直前往舟山岑港，因见官兵戒备森严，心中起疑，拒不上岸，后派其义子王激谒见胡宗宪。胡宗宪派总兵卢镗到王直船上，许官以都督，署司海上通市事，并留下指挥夏正为人质。十一月初六日，王直与同党叶宗满、王清溪等人谒见胡宗宪，胡宗宪令其前往杭州。嘉靖三十七年（1558）正月二十五日，王直被捕囚于浙江按察司狱。嘉靖三十八年（1559）十二月，明世宗下诏斩王直于杭州，叶宗满、王清溪戍边境。胡宗宪以计擒获海寇首领王直有功，加太子太保。

赵文华贪贿罢官腹裂而死

嘉靖三十六年（1557）九月，工部尚书赵文华被革职为民，后腹裂而死。

赵文华，字元质，浙江慈溪县人，嘉靖八年（1529）进士，为人阴险，善于奉承，认严嵩为义父，官至通政使，奏疏经手，先送严嵩阅毕，再进呈皇上。后以请筑京师外城，加工部右侍郎。东南倭寇猖獗，他上奏御倭七事，遂被派往祭告海神并督察江南军情。在江南期间，赵文华依靠严嵩、颠倒功罪，害死不肯附己的剿倭总督张经、浙江巡抚李天宠。后推荐胡宗宪代替张经，在松江陶宅港（今江苏奉贤县南）被倭寇大败，不久又嫁祸巡抚应天右佥都御史曹邦辅，令其获罪戍边。接着论罢总督周疏、杨宜。同时又以征集兵饷为名，加派税粮，截留漕粟，克扣地方贡银，胁迫江南富绅捐资，搜括公私金宝图画价值百万，自盗军饷十四多万两银。嘉靖三十五年（1556）二月，赵文华返京诬奏吏部尚书李默诽谤皇上，被明世宗称以忠君封为工部尚书，加太子太保。赵文华恃宠日骄，明世宗对他渐生不满。嘉靖三十六年（1557）四月，明世宗因奉天殿发生火灾拟建正阳门楼，赵文华称病不能办，遂于八月二十一日被罢免官职。九月一日被革职为民。赵文华失宠后郁郁不乐，在一个晚上因腹裂暴死。著有《文华全集》。

画家文征明去世

文征明（1470–1559年），明代书画家、文学家，初名壁，又名璧，字征明，号衡山居士，南直隶长洲县（今江苏吴县）人，学画于沈周，世人称之为能诗、文、书、画的全才，又与祝允明、唐寅、徐祯卿相切磋，人称“吴中四才子”。崇尚隐逸的生活，将诗书画三位一体发展到完美境界。诗风清新秀丽，长于写景抒情。书法兼取众长，笔法苍劲有力，结构张弛有致，工于行草书，尤精于小楷，亦能隶书。为文善于叙事。绘画擅长山水，多画江南湖山庭园，亦善花卉、人物，画作秀丽细致，静穆温雅。代表作有《古木寒泉》、《兰竹画》、《昭君图》等，学生众多，形成“吴门画派”，与沈周、唐寅、仇英合称“明四家”。文征明为人不谀权贵，耿直清高。宁王朱宸濠羡慕其才，以重礼相聘，他辞病不就。正德末年以岁贡生赴吏部考试，因得到巡抚李充嗣推荐授翰林院待诏。世宗即位后，预修《武宗实录》，

文征明《墨竹图轴》

文征明《真赏斋图卷》（1557 年 88 岁时作）

官侍经筵，后辞职返回故里。遗著有《莆田集》。

苏州“恶少”作乱

苏州豪绅权贵的子女依仗权势，与流氓、地痞相勾结，游手好闲，聚众斗殴，危害社会治安。被讽称为“恶少”。嘉靖年间倭患日重。苏州官府召集义兵抗倭。恶少们又自称“雄杰”，乘机聚众剽劫钱财。嘉靖三十八年（1559），应天巡抚翁大立明令府县缉捕诸恶少严加惩治。同年十一月初十日，恶少们饮血为盟，额围白巾，手持刀斧进攻吴县、长洲、苏州卫和都察院，劫狱纵囚，火烧衙门和翁大立所奉敕谕、符帜、“令”字及旗牌。翁大立携妻子越墙逃走。诸恶少气势嚣张，企图劫掠府治。知府王道行率官兵缉捕。恶少们不敌官兵，于是直冲葑门，逃入太湖。官兵四处追击搜捕，俘获周二等二十多名恶少。

车营战法形成

明中叶之后，为适应战争发展的需要，在军队中出现了一些冷热兵器配合、步骑兵与火器部队协同的新编制部队，较为典型的有京军、戚家军和孙承宗的车营。

戚继光的车营拥有佛郎机手768名，鸟铳手512名，使用火器人员共1280名，占全营战斗人员的62.5%。冷兵器手有藤牌手256名（配火箭7680支），镗把手256名（配火箭7680支），大棒手256名，共768名，占全营战斗人员总数的37.5%。步兵营与骑兵营编成基本相同，只是装备略不相同。全营编制人员总数2699名，其中战斗人员2160名。鸟铳手1080人（配长刀1080把），占战斗人员总数50%。冷兵器手有藤牌手、狼筅手、长枪手（配大火箭216支）、镗钯手（配火箭6480支）、大棒手各216名，共1080人，占战斗人员总数的50%。

孙承宗的车营是为适应战争发展的需要，以冷热兵器配合，步骑兵与火器部队协同而编制的新部队。

明末天启年间，为抗击后金优势骑兵的突驰，以兵部尚书之职兼东阁大学士统领山海关、蓟、辽、天津、登、莱诸处军务的孙承宗一面修城筑堡、设置重炮防守，另一方面为加强野战能力，创立了以枪炮等火器为主要装备的“火力部队”，即车营。

孙承宗建车营既吸收了戚继光车营的经验，又有新的发展。他的车营在车、步、骑、炮、辎合成编组的基础上，又增加了水师营。

孙承宗的车营，采取步、车、骑兵混合编制，使诸兵种的合成编制更趋完备。如步骑合成车营，基本建制为队，全营共有骑兵2400骑，步兵3200人，步骑合计5600人，装备火枪1984支，轻重火炮344门，编厢车128辆，火力和机能能力都较强。孙承宗车营中的水师营共有沙船约100只，水兵1500人，佛郎机炮384门，枪470支。

戚家军建立

明朝中叶以后，为适应战争发展的需要，在军队中出现了一些冷热兵器配合、步兵骑兵与火器部队协同的新编制部队，戚继光组建的戚家军就是其中较为典型的一支部队。

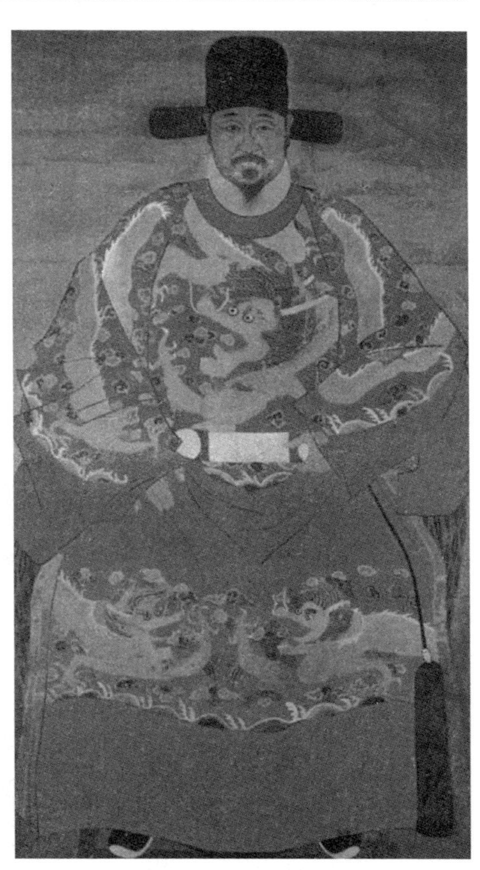
戚继光像

戚继光（1528–1587），字元敬，号南塘，山东蓬莱人，出身武将世家。初在山东专事防倭，任登州卫指挥佥事。嘉靖三十四年（1555）秋改调浙江都司佥书，翌年任参将，镇守宁波、绍兴、台州、金华等地，置身于抗倭最前线。鉴于明军兵惰将骄、纪律松弛、战斗力低等弱点，戚继光两上《练兵议》，并以“杀贼保民”相号召，在嘉靖三十八年（1559）九月亲自到义乌、金华招募素质良好的矿工和农民入伍，经过几个月的精心编制和严格训练，组成了三千多人的新军。随后，戚继光又在台州等地招募渔民，组成水军。戚继光根据江南多沼泽和倭寇习惯使用重箭、长枪的特点，创造一种训练新军的特别战阵“鸳鸯阵”。“鸳鸯阵”以火器和弓箭作掩护，长短兵器配合，以十二人为一阵，一人在前面为队长，次两人持牌（圆、长各一），

又次两人持狼筅，又次四人持长枪，再次两人持短兵器，最末一人为火兵，以利整体作战。敌进百步内始发火器，六十步内再射弩箭，敌再进则用鸳鸯阵冲杀。根据战时需要，“鸳鸯阵”还可变为“两才阵”或“三才阵”，以更有效地杀敌。戚继光还创造了“地形制阵法”，视步伐便利，不断更新战舰、火器和兵械。新军在戚继光领导下纪律严明，对倭寇英勇作战，对百姓秋毫无犯，屡立战功，战斗力很强，被人们誉为“戚家军”。

东南抗倭时，戚家军总兵力 3000 ~ 6000 人，步炮混合编组，冷热兵器混成编制。镇守蓟门时，兵力达数万人，由独立的骑兵、步兵、车兵等兵种组成，各种管形火器 3040 ~ 4220 支（门）。在蓟门，戚继光编练过 7 个车营。每个车营均含车兵、步兵、骑兵、辎重兵各一营。车兵营分 2 部，1 部分 4 司，1 司分 4 局，1 局分 4 宗，1 宗由 20 人、1 辆战车构成。每辆战车用 4 人推挽，车上装备各种火器。

嘉靖三十九年（1660）二月初八日，朝臣们在讨论擒获王直之功时，称赞戚继光“督兵有纪”。此后，“戚家军”在东南沿海抗倭战争中英勇善战，师出必胜，威震东南，享誉天下。

杨慎客死云南

明嘉靖三十八年（1559），明代文学家杨慎客死于云南戍地，结束了他 30 余年贬谪生活。

杨慎（1488–1559），字用修，号升庵，新都（今属四川）人。他自小天资聪颖，才智过人，曾授翰林院修撰。因禀性刚直，被贬至云南。杨慎一生坎坷多艰，著述丰富，他对文、词、赋、散曲、杂剧、弹词，均有涉猎。考论经史、诗文、书画和研究训诂、文学、音韵、名物的杂著也不少。他的诗歌成就尤高，现存约 2300 首，所写内容极为广泛。

杨慎的诗“秾丽婉至”，他吸收了六朝、初唐诗歌的长处，在当时流行的“文必秦汉、诗必盛唐”的复古风气中，别张垒壁，写出了一些再现乐府遗韵、深具初唐风范的佳作，形成了自己的诗歌风格。他还学习民歌的写法，采用民歌形式进行诗歌创造，显得别致清新，代表作有《送余学官归罗江》、

《滇海曲》12首、三峡《竹枝词》9首，《垂柳篇》等诗写得婉约绮丽，最能反映他的诗风。

就诗歌内容来看，杨慎的存诗中以思乡、怀归之诗所占比重较大，这与他居滇30余年的生活经历有关。他的《江陵别内》写他被谪滇时妻子送别江陵的场面，全诗表现别情思绪，深挚凄婉。《宿金沙江》写往返川滇途中的感慨，《六月十四日病中感怀》叙述因病归川，途中被追回的遗恨，是他临终前的诗作，写得真挚感人。杨慎的写景诗大多描写云南边地的风光，细腻清新、颇有特色，如《海风行》、《龙关歌》等。他还有一些反映现实生活的诗作，表现了对人民疾苦的关怀，如《海口行》、《后海口行》、《观刈稻纪谚》等。

杨慎（升庵）像

杨慎的词和散曲写得清新绮丽，《二十一史弹词》是长篇弹唱叙史之作，文笔畅达，广为传诵。其散文古朴高逸，笔力奔放，《碧峣精舍记》、《新都县八阵图记》是他的散文佳品。他的杂剧有《太和记》、《割肉遗细君》等。

杨慎涉及经史、训诂等研究的杂著具有很高的学术价值，有些可补史阙或提供历史线索，其中不乏独到之见。

杨慎著作之丰在明代推为第一，

除诗文外，杂著达100余种，其主要作品被收入《升庵集》，成为研究其诗文及思想的主要资料。

罗洪先《广舆图》成

明嘉靖年间，罗洪先在元代朱思本所绘《舆地图》的基础上，经增补修编而成《广舆图》，这是中国目前所能看到的最早的刻本地图集。

罗洪先（1504 ~ 1564），字达夫，号念庵，江西吉水人。自幼好学，知识广博，尤在“考图观史”方面突出。1529年获进士第一名。他用十多年时间，在元代朱思本《舆地图》的基础上，用“据画方易以编简”的方法，编成了《广舆图》这本新的地图集。

《广舆图》以《舆地图》为底本，按照明代现行疆域及行政区划进行了修订和增补，系统使用了24种地图符号，图集首先绘有舆地总图——即明代全国疆域政区图；其次为各省分图1711幅，洮河、松泮诸边图5幅，黄河图3幅，漕河图3幅，海运图2幅，朝鲜、朔漠、安南、西域4幅图，另有各种副图68幅，地图内容充实、丰富、准确，使我国古代地图更加完善。

罗洪先的《广舆图》在地图学史上具有创新性的重要贡献。罗洪先将朱思本的巨幅地图采用计里画方法，根据图上方格，化整为零，改图卷为图册，大大便利了刊印、阅读、携带和保存。而且对制图技术进行改进，用24种图例符号来表示山脉、海水、城垣、关塞等各项地理内容，增强了地图的直观性和醒目程度。故嘉靖年间和万历、嘉庆年间，《广舆图》多次刊印或翻印，成为明清时期绘制各种地图的蓝本。也使罗洪先成为在中国地图学史影响达200多年、承先启后的知名地图学家。

唐顺之去世

嘉靖三十九年（1560）四月，巡抚凤阳右佥都御史、学者唐顺之去世。

唐顺之（1507–1560），字应德，又字义修，号荆川，人称荆川先生。

武进（今江苏常州）人。嘉靖八年（1529）会试第一。嘉靖十二年授翰林院编修，参校历朝《实录》，因不愿依附张璁遭罢归。嘉靖十八年起复官兼春坊右司谏，翌年十二月奏请皇太子出御文华殿受百官朝贺，招致明世宗不满而被削官籍。后复官历任南京兵部主事、兵部员外郎、郎中，因受赵文华推荐视师南畿、浙江，与胡宗宪协谋抗倭，曾督领兵船巡视江阴至蛟门大洋，攻击停泊在崇明三沙的倭寇船只，后又支援江北，同凤阳巡抚李遂在姚家荡大破倭寇，以功擢升右

浙江宁波镇海（明）抗倭威远城

镇海海防城墙

佥都御史，代李遂为凤阳巡抚。嘉靖三十九年（1560）四月带病赴任，死于通州（今江苏南通市）。

唐顺之学识广博，闲居乡间时曾于阳羡山中读书十余年，研治天文、地理、音乐数学、历法和兵法，融汇删削，著成《左》、《右》、《文》、《武》、《儒》、《稗》六编，为明中叶著名散文家、文学理论家。在文章形式方面，原主张要符合唐宋文的“开阖首尾经纬错综之法”，后又称诗文要“直写胸臆”；在文章内容方面则要求以儒家六艺为指归，因而与王慎中、茅坤、归有光等并称“唐宋派”。著作有《荆川先生文集》。

戚继光著《纪效新书》

明嘉靖三十九年（1560），戚继光写成《纪效新书》。

戚继光（1528–1588），字元敬，号南塘，晚年又号孟诸，是中国明代著名的军事家、抗倭名将和民族英雄，毕生献身于祖国的军事建设和国防事业，一生中有 40 多年是在军旅中度过的。

《纪效新书》是一本以军事训练为主要对象的兵书。在序言中，戚继光就阐明该书是在汲取前人军事成果的基础上，结合实战经验而写成的，“夫曰‘纪效’，明非口耳空言；曰‘新书’，所以明其出于法而不泥于法，合时措之宜也。”书中内容的大抵结构可分为总序和正文两部分。其中总序又包括《纪效或问》和两件“公移”，《纪效或问》对练兵过程中所必须解决的一些问题作了明确的表示，“公移”则反复阐述在东南沿海进行军事训练必须针对敌而行。《纪效新书》的正文包括 18 卷，所讲述的内容涉及军事的各方各面，如选兵和编伍、军事纪律、行军作战、水寨习操、战术技术、旗帜信号、墩堠报警、兵船束伍等。

在《纪效新书》中，始终有几个很鲜明的思想主线贯穿其中。首先，练兵先选伍，就是要训练出高素质的部队，首先必须抓好兵员的个人素质，在选伍方面，戚继光极为重视士兵的家庭出身和政治品质，偏重于从农村选拔士兵，因为农民勇敢、朴实，有助于保证部队的训练效果，另一方面还可改善军民关系。其次，要训练出好士兵，还要先选拔出英明的将领。他从德、

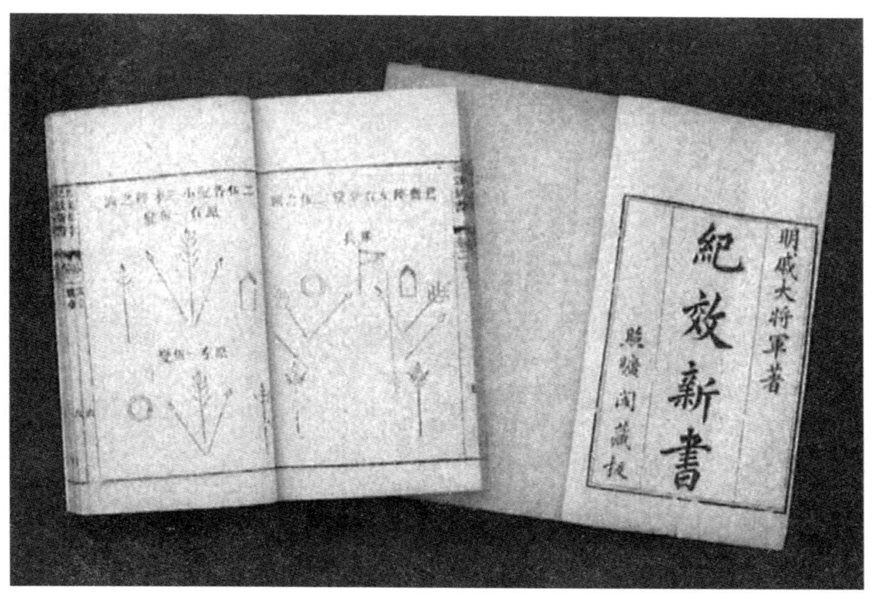

戚继光在抗倭战争期间写成的《纪效新书》

才、识、艺四个方面阐述了“练将”标准：即效国为民、勤于职守、爱护士卒、勇于献身的将德，通晓兵法韬略、善于指挥作战的将才，谋略高超、明辨是非的将识，技艺高超、勇猛拼杀的将艺。最后，他还强调训练要与实战相结合，完全按照实战的要求来进行平时训练，如根据作战的地理环境和敌军强弱来决定不同的训练方法，特别是他所创造的鸳鸯阵，既适用于平时训练，又符合战时需要，另外，他还提出步、骑、车等诸兵种联合作战的作战思想。

《纪效新书》中很多军事思想如选伍、练将，有很高的军事指导价值，另外，该书对于抗倭作战经验的总结，有很强的时代特色，在中国古代军事史上，具有很高的地位，对后世各朝军事学家的影响很大。

郑若曾论海防

明中叶，为了制定对付东南沿海日益严重的倭寇搔扰的现状，地理学家郑若曾著《万里海防图论》、《江防图考》、《日本图纂》、《朝鲜图说》

等10种书，议论海防。

郑若曾（1495 ~？），字伯鲁，号开阳，昆山县（在今江苏省）人。读书重经世致用，曾在胡宗宪幕下襄赞，抗倭有功，是一位以抗倭筹海著称的地理学者。收入《四库全书·地理类》，名曰《郑开阳杂著》的10余种议论海防的地理学著作大半是他抗倭实践中耳闻目睹的沿海地理状况和形势，加上其亲身实践的总结，因而比较翔实可信。

郑若曾的著作作为明代海防专著，以海防为中心，兼论日本、朝鲜、琉球及安南诸国概况，有图有文，图幅较多，绘图精细，图文并茂，其他地理书籍在这方面无法与它相比。同时它在指出时弊，直陈要害的基础上提出建议，因而言之有理、持之有据，绝不停留于空谈，而且用较大篇幅，论述倭寇危害，认为防范倭寇是当时的当务之急。同时也是他著书的目的所在。郑若曾在对海运的历史、利弊展开论述后，并提出了恢复海运的具体办法。他说每当黄河迁徙，运河运输就会遭到严重的破坏，而恢复海运，就避免了这一灾害所造成的后果，而且海运便宜、便捷，可保障货流的畅通，不仅海边的老百姓可从中获得利益，盐盗的祸害也可借此避免。他建议仿效元朝招募沿海巨家大户、自备人船，承担运输粮食的办法解决这一问题。

郑若曾的这些著作，不仅内容丰赡翔实，而且多来源于抗倭的实践活动，它与当时大量涌现的此类著作一样，表现了明代知识分子的历史忧患意识和对现实的积极思考，同时力图联系实际，是经世致用的实学重新兴起的先兆。

吴廷翰反对良知说

吴廷翰（1491–1559），字嵩伯，别号苏原，南直隶无为州人（今安徽无为县）。他自幼聪颖好学，年30而中进士，历任户部主事等职。学术思想受王廷相影响很深，坚持气本论和重视闻见知识，反对王阳明的良知说，主张无神论，反对佛禅，并揭示王学的禅学根源，在日本广有影响。

吴廷翰坚持气本论的观点。他认为气是万物之祖，气出于天赋，在气之上并无所谓的道或理存在，这正与程朱理学的理本论，理先气后的观点相对立。而所谓太极，则是气的无始无终、无穷无尽的状态，因此太极就是无极，

这就是出于天赋，是客观存在。吴廷翰还强调气作为客观物质的真实存在，指出气有质。他认为气之所以为万物之祖，是因为它的运动变化产生和形成了万物，所谓阴阳，即指气的静动，否定外力和造物主的存在。

吴廷翰认为气的凝聚运作即是理。理是指气的运动变化的客观规律。他认为气由混沌之始分为两仪四象五行四时乃至人物男女古今以至于千变万化，都是气的秩序井然，各有条理，脉络分明而已，他把理归结为气的条理，明确地把理置于气的从属地位。吴廷翰对程朱理学的理先气后，以理气为二物的理本论严厉地批评，吴廷翰还继承了范缜及王廷相的无神论观点，对阴阳

嘉靖三十八年（1559）始建的豫园中的卷雨楼

五行、佛教轮回和鬼神迷信进行了批判。吴廷翰基于他的气本论，把性说成是气。无论从人性的产生和其本质，都根源于气，他主张孟子的性善说，他认为气的分化在天为阴阳，在地为刚柔，在人就是仁义，仁义是源于气、源于性的，正因为人性源于气，人都禀气而生，所以具有先天的道德观念，是善。并认为人心与人的欲求是一致的，天理与人欲并不对立，认为人人都有权享受生活。

吴廷翰的认识论以王学为主要批评对象；他认为人们要获得知识，必须要接触客观事物，不离开物的认识，才是实在的认识，而如何去认识物，就

豫园黄石假山

要通过格物。针对王阳明的心外无理，物理在心说，吴廷翰指出人的正确认识反映了客观存在的物之理，心内的物也就是客观存在的物，这样心与物理达到了统一。吴廷翰还重视耳目见闻之知，他严厉批评王阳明，认为他的良知之说是枯坐之僧、幽闭之婴孩的呓语而已。在知与行的关系上，他把知和行视为知识的两端，知行缺一不可，却是各有功夫，知行有先有后。他批评了王阳明的致知就是力行，并强调要以客观存在的物来检验所得到的认识。吴廷翰把批评的主要对象放在王阳明的致良知和知行合一说，他认为致良知说，源头是佛，与禅宗的明心见性一致，脱离了客观事物而达到所谓神悟，实际就是禅宗的顿悟之说。吴廷翰指出，致良知说的危害之大，乃至超过佛禅。

吴廷翰在日本影响颇大，日本的一些著作中，把吴廷翰与罗钦顺、王廷相列为明代与理学、心学并立的独立学派，并有研究他的专著。

黄绾批判王学

黄绾（1477—1551），字宗贤，号久庵，又号石龙，浙江台州府黄岩人，曾参与编修《明伦大典》，官至南部礼部尚书。早年学程朱，后转而信奉王学，最终转向批判王学。其著作现存有《明道编》六卷和《石龙集》28卷。

黄绾用经世之学否定王学的致良知说。晚年，他以经世之学为圣学，批评王学的禅定之学，彻底否定了王学的圣学道统。他认为从古以来的圣人，都是有思有为才能有所成就，绝不能无思而成，无为而已，只有佛禅才是无思、无为。而提倡无思无为，定要亡国、乱学。黄绾提出圣门之学的道脉是从伏羲、尧、舜、禹、汤、文、武、周公、孔子而至孟子而绝，宋儒继承的不过是禅学异端。他在批评王学的同时，对整个理学予以否定，认为均出于禅。他又认为王学出于禅学之上乘，程朱理学出于禅学之下乘，并批评说禅学越兴盛，实理越逝失。

黄绾转向批评王学之后，在认识论上与王廷相基本一致，并提出了自己的见解。提倡学思结合，强调致思而后笃行。认为博学、审问、慎思、明辨、笃行是致知之方，其中笃行尤为重要。

黄绾针对王学的去情、去欲和复其天地万物一体之本然的理论，提出天性人情之真的命题。他说人不能去情，只能有所节制，进而达到修身的效果。并从此出发，主张义利并重。他以饥寒为例，说明这是于人难以忍受的，一天都不可以，何况长久，由此可见不能看轻利，然而义也不能看轻，如果不用义来处理好父母子女夫妇之类关系，就不合道。因此他说义与利二者不能看轻任何一方，所以圣人之学就是研究如何统一义利，使之得其正。

黄绾的学术思想，有其局限性。但他由宗程朱而奉王学，后又转为批判王学，这一学术上的转变，除了有其进步意义，也部分地反映了当时学术界的变化。

八纲辨证论提出

明代的中国，医学十分昌盛，从而极大地促进了医学理论的进步，16 世纪，医家在总结前人理论成就的基础上，完整地提出了八纲辨证论，是中国传统医学进一步走向成熟的一个重要里程碑。

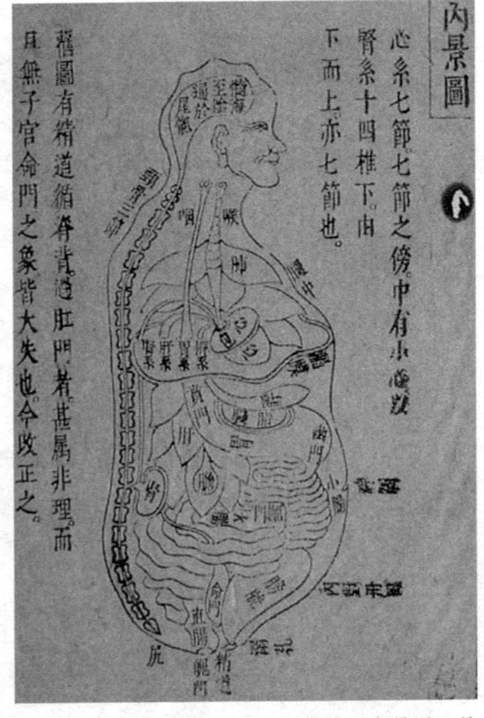

明代医家张介宾《类经图翼》中的《内景图》是中国古代的人体内脏解剖图

“八纲”即阴、阳、表、里、寒、热、虚、实八类论证的总称，是中医学辨证的基本纲要和方法。与四诊合称为“四诊八纲”。通过四诊掌握病情的具体材料之后，根据人体正气的盈亏，病邪的性质及其盛衰，疾病所在部位深浅等情况，进行综合分析，归纳为八类证候，俗称为“八纲辨证”。八纲中的阴阳指疾病的类别，表里指病变部位的深浅，寒热指疾病的性质，虚实指邪正双方的消长盛衰。八纲中又

以阴阳两纲为其总纲，有统领六纲的意义。

此前，医家对其已有认识并自觉地应用于临床实践中，但缺乏对其作系统完整的概括和阐述。16 世纪医家张三锡在《医学六要》中比较明确地说：古人治病大法有八，阴、阳、表、里、寒、热、虚、实，关于八纲辨证论治内容第一次被完整而系统地提了出来，随后，张介宾进一步提出，阴阳为纲，表里寒热虚实为变的二纲六变说，这一理论从而被完善并成为此后医界确定病变部位及性质的惯用法则。

“八纲”是辩证论治的基础理论。“八纲”辩证论的提出，是明代医学的一大进步，促进了我国医学事业的向前发展。

拳法门类大量出现

明代中期，民间武术普遍发展，出现了蔚为壮观的庞杂景象，一方面拳、棍、刀、枪等诸技门派林立，争奇斗艳，竞相争雄；另一方面民间拳械谱及歌诀等也不断出现。明代拳法的发展是多方面的，尤其拳种的大量出现，拳谱、拳诀的发展，以及有关训练方式及要求的论述等均是这一时期的突出成就。

明代出现了众多的拳术门类，戚继光《纪效新书》卷一四《拳经捷要篇》列举了 16 家：宋太祖三十二势长拳、六步拳、猴拳、化拳、温家七十二行拳、三十六合锁、二十四弃探马、八闪翻、十二短、吕红八下、绵张短打、巴子拳、山东李半天之腿、鹰爪王之拿、千跌张之跌、张伯敬之打。戚家世居山东，其所述拳家当以北方拳种为主；明代学者郑若曾所著《江南经略》所列拳派则与戚氏所述不同，其列 11 家为：赵家拳（赵太祖神拳三十六势、芜湖下西川二十四势、秣陵关下韩童掌拳六路）、南拳（似风、似蔽、似进、似退、凡四路）、北拳（供看拳凡四路）、西家拳（六路）、温家钩挂拳（十二路）、孙家披挂拳（四路）、张飞神拳（四路）、霸王拳（七路）、猴拳（三十六路）、童子拜观音神拳（五十三斋）、九滚十八跌打挝拿以及眠张短打破法、九内红八下等破法、三十六拿法、三十六解法、七十二跌法、七十二解法（卷八《兵器总论》）。郑若曾所列拳家多以南方拳种为主，当时大江南北的拳种绝非上述 20 多种。如出自少林寺的“少林拳法”和流传于江南的“内家拳法”

就未包括在内。

明代拳法的显著发展还表现在“拳谱”和“拳势歌”的出现，唐顺之《武编》前集卷五记载的温家拳势名称，并叙述了招法使用的原则及具体用法，其后还附有练腿功之法，这是我国迄今为止所见到的最早的一个拳谱。“拳势歌”是反映拳势方法变化的文句，多带韵律，可以说唱，便于记诵。故以歌称。明赵光裕《新镌武经标题正议注释》附《阵法马步时法》一卷中记有“邵陵（少林）拳势歌”两首，是这一时期具有代表性的作品之一。明代各家拳法基本上处在专擅一技的发展阶段，针对这种现象，当时一些武术家提出了“兼而习之”的观点。戚继光说：“若以各家拳法兼而习之，正如常山蛇阵法，击首则尾应，击尾则首应，击其身而首尾相应，此谓上下周全，无有不胜。”正是在这种认识的基础上，戚继光采取民间 16 家拳法之普者，汇成了 32 势拳法。

有关拳法训练方式，内容以及采用器物辅助的训练的记述也多见于史籍，被认为是明代少林寺僧玄机和尚所传的少林拳法，也是首先讲究步法、手法、肘法、腿法、身法而达到“周身俱活”，便可“随其所用”（《拳经·拳法备变》）。采用器物辅助训练也是当时拳法中的重要内容。

少林武术盛况空前

明代少林武术活动盛况空前，明人诗文中颇多咏述少林僧习武事，如焦宏祚《少林寺诗》云：“借闲古殿仍谈武，鸟立空阶似答诗。处处楼台皆随喜，何缘觅得且多枝。”此时少林武僧还经常以其精湛的武技，为游人表演。

少林僧习武内容主要有两类：一类是单练，如剑者、鞭者、戟者等；另一类则是对搏技能。即所谓掌搏、手搏、拳搏、搏击等。习武内容较前期大为丰富，这一发展显然与当时民间武术的蓬勃发展有直接的关联。

少林拳是少林武术中主要内容之一，此时有较大的发展，不仅有“拳势歌”问世，而且较拳、表演拳法的现象也多见。少林武僧反对“花拳”，因此在拳法习练方面以手搏为主，其形式、非假势合，而是少林寺传统的徒搏技能。少林僧除习练拳势和手搏外，亦习一些特技，如“黑夜钉身”、“乌鸦瓦飞”法等。

少林寺初祖庵大殿

当时少林寺僧虽习拳，但不以拳闻，而以棍名。少林寺拳法在明代末尚处于不断完善中。而少林棍有势、有路、有谱，在当时已形成完备的棍术体系。同时还有“邵陵（少林）棍法歌”二首问世，其歌为七言句，采用形象的语句说明了少林棍势的攻防变化。它是为寺僧掌握要领，分辨正误，防止编差所编的，反映了少林寺僧对棍术的重视和对棍法研究的深化。

在当时民间武术蓬勃发展的形势下，少林寺与社会上的武术交流也频繁起来，出寺寻艺和入寺交流学艺的现象不断，如少林寺僧刘德长、洪记、广按等人都是嫌技未益精，而遍游天下，以后技艺大进。少林棍法也曾得抗倭名将俞大猷的指点。

宣德之后，入少林寺习武者日众，不仅使少林寺武术广播四方，而且使少林武术本身的内容也日趋丰富和发展了，值得一提的是，御倭战争期间，具有爱国主义思想的少林寺僧也纷纷奔赴抗倭战场。

史学通俗化

明代史学获得了更加丰富的通俗形式，使史学更进一步走向社会深层。明代学者在使史学取得通俗形式方面做的工作，是对前人历史撰著的节选、摘录、重编。由此而产生出来的节本、选本、摘抄本、类编本、重撰本，以至蒙学读物。

明“黄地绿彩龙文壶”

关于节选旧史，有通史、皇朝史和史论三种。马维铭撰《史书纂略》220卷，取“二十一史”本纪、列传，各撮取之略，依通史体例，汇成一书。这是通史性质的；茅国缙撰《晋史删》40卷、王思义撰《宋史纂要》20卷等都是根据学史节选编成的，这是皇朝史方面的；项笃寿的《全史论赞》80卷，沈国元的《二十一史论赞》都是书选历代正史史论会辑成书的，这是有关史论方面的。

关于摘抄旧史，明人的史钞，既多且杂。摘抄内容多因人而异。如茅坤的《史记钞》65卷反映出摘抄者对古文的兴趣；赵维寰的《读史快编》44卷反映了

摘录者猎奇的主首；杨以任的《读史四集》4 卷，目的是摘录、编辑诸史中事迹之可快、可恨、有胆、有识者。

关于改编旧史，可分为三种情况：一是按编年体写成的。如丘浚所撰《世史正纲》32 卷，上起秦始皇，迄明洪武元年，全书意在专明正统；二是按纪传体改编的。如范理撰的《读史备忘》8 卷，上自西汉下迄唐代，诸帝列予前，诸臣叙于后；三是按类书形式改编的。如唐顺之撰《史纂左编》124 卷，以历代历史所载君臣事迹类辑成编的，全书分君、相、名、臣、谋臣、后等 24 门，意在取千古治乱兴衰之大者，着重著其所以然。

明代史学的通俗形式，还有一些是属于蒙学、乡塾读本。顾锡畴撰《纲鉴正史约》36 卷，编年纪事，大致反映出历代历史梗概。梁梦龙编《史要编》10 卷，杂采诸史之文，编者的意图一是传播简单的历史知识，二是希望读者粗知史学的表现形式。编者的这一意图，今天看来仍然可取。明代还有一本程登吉编的《幼学琼林》，是一本关于中国历史文化知识的极通俗的蒙学读本，在当时和后来直至今世都产生很大影响。

黄天教出现

黄天教又叫黄天道，皇天教。其教名来源于三世三天信仰，以黄天象征未来的美好理想。该教创于明嘉靖年间，创教人是北直隶万金卫李宾，道号普明，被道徒尊为普明佛。李宾青年时务农，后来驻守长城为士

嘉靖三十七年（1558）修建的、纪念唐代大医学家孙思邈的药王庙

药王庙祭亭

卒，于是参师访友，明修暗炼，于嘉靖三十二年（1553）创立黄天教，并传教于宣化、大同一带，嘉靖四十二年死于万金卫膳房堡。

李宾死后，教权由其妻王氏接续，王氏道号普光，隆庆三年（1569），“通传妙法”，万历四年（1576）去世。与李宾同葬于膳房堡碧天寺内，此后，教权由两个女儿授传，大女普净、二女普照，后由普照之女普贤接传教权。这五人被称为黄天教五佛祖。普贤之后教权转回到李姓—李宾胞兄李宸的后代手中，黄天教有几部有名的经卷：《普明宝卷》；《弥勒佛地藏十王宝卷》；

《圆明宝卷》；《众喜宝卷》等。

黄天教从教义内容上更加接近道教，它要人们兼修性命之功，进而结丹得道，同时它热衷于做道场，为人们免罪消灾、超度亡灵。其时嘉靖皇帝“好鬼神事，日事斋醮”，影响到社会风气，故黄天教创立时不仅采纳全真道，也采纳了正一道，包含着对现实的强烈否定和对未来的美好憧憬，满足了底层群众的精神需要。

方有执开创“错简重订派”

方有执（1523 ~？），字中行，号九山山人。安徽歙县人。他认为《伤寒杂病论》集医道之大成，擅百世之宗师。而西晋王叔和重为编次，多有改移；金代成无己《注解伤寒论》亦有窜改，遂致简编错乱，相沿成习，弥失其真。为此，方有执刻苦钻研，著成《伤寒论条辨》8卷，后附《本草钞》、《或问》、《痉书》各1卷。对王叔和整理改编的《伤寒论》重改修辑，采取整移删削的方法，进行通盘订正与编次。将有关太阳病的条文分为一、二、三卷，阳明病与少阳病合为第四卷，太阴病、少阴病与厥阴病合为第五卷，将有关湿病、风湿、杂病条文和霍乱、阴阳易、差后劳复诸篇合为第六卷，以“辨脉法”为第七卷，以王叔和自为编述诸篇为第八卷。

方有执将外感风寒分为三种类型，即卫中风、营伤寒和营卫俱中伤风寒。并分辨其源，对症下药。这种分法增强了张仲景原文的系统性、条理性；同时还大大丰富了临床经验与理论认识，形成著名的错简重订派。而和者竟起，从而促进和发展了伤寒学说。

白莲教演变

明代是中国民间宗教史上划时代的新时期。在这时期的民间宗教迅速兴旺，异常活跃，教派众多。明代的民间宗教就其主流而言乃是元末白莲教的继续和发展，虽然并无严格意义上的教主传承和组织的续接，但在教义的基

本倾向上，在经典的撰著流布上，在组织规则与活动方式上，众多教派都接受了白莲教的影响，白莲教已经成为明清两代民间宗教的泛称，官方也习惯用“白莲教”一词来指称一切所谓“邪教”和异端，若有牵连，便遭镇压。

白莲教从宋元到明清演变主要有三个阶段。早期宋元阶段是净土阿弥陀信仰，结莲社做佛事以求往生西方净土，这个阶段的反叛性不强，所以能为蒙古贵族所容纳；中期元末明初阶段引入弥勒信仰，弥勒是未来佛，弥勒下凡便意味着明王出世，必然带来变天思想，很容易成为民变的旗帜，从此白莲教便成为一种反叛的宗教，既为元后期统治者所不容、又为明初统治者（他们曾经借白莲教打下天下）所禁断；后期是明中叶至清末，以罗教的兴起为转机，形成数以百计的教门，大都引入了无生老母信仰，正式产生了明清民间宗教自己独有的最高创造神和救世主，同时保留阿弥陀和弥勒信仰，突出“三期末劫”说，更加具有反叛性。因而受到当权者更加残酷的镇压，白莲教的活动暂告一段落。后期的教门多是罗教的衍支或受罗教影响。所以罗教取代白莲教起了关键作用。

1561 ~ 1570A.D.

明朝

1561A.D. 明嘉靖四十年

七月，俺答犯宣府，九月，攻居庸关。

1562A. D. 明嘉靖四十一年

五月，严嵩及其子严世蕃之奸暴露，严嵩罢官。严世蕃下狱。

十一月，倭陷兴化府。以倭势猖獗，福建遭蹂躏几遍，乃命俞大猷、戚继光为正副总兵官以剿办。

1563A. D. 明嘉靖四十二年

四月，倭掠福清，俞大猷等歼之，俞大猷与戚继光合破平海之倭，收复兴化，斩二千余人首级，为剿倭以来之空前大捷。

1564A. D. 明嘉靖四十三年

二月，福建兴化倭残部攻仙游，为戚继光所破，余寇遁出海。三月，广东潮州倭为俞大猷所破。

六月，俞大猷大破倭于惠州海丰，擒斩千余，并破降与倭勾结之大盗吴平等，其蓝松三等昔之攻略程乡等地者，于七月亦被擒。

1565A. D. 明嘉靖四十四年

三月，严世蕃伏诛，抄其家，得金三万余两，银三百余万两，其他珍宝所值亦数百万。四月，俺答犯肃州。吴平降俞大猷后，复造船行劫，入福建，为戚继光所破。倭犯福宁，为戚继光所败。十一月，命潘季驯总理河道。潘季驯治河有能名，其术多为后世所宗。

苏州拙政园建成于此时。张松溪以内家拳出名。

1567A. D. 明穆宗庄皇帝朱载垕隆庆元年

四月，重录永乐大典成。九月，俺答犯大同、朔州，南至汾州，破石州，掠孝义等县。

1568A. D. 明隆庆二年

五月，命戚继光总理蓟州、保定、昌平三镇练兵事。

1569A. D. 明隆庆三年

正月，俺答犯大同。改总理练兵事戚继光为总兵官，镇守蓟州、永平、山海关等处。

1562A. D.

法兰西胡格诺派（法国新教信徒称号）于获得信仰自由后，复遭迫害。法国宗教战争起，自此至 1598 年始告终止。

1563A. D.

英格兰公布“三十九条款”，以代替 1551 年之“四十二条款”，英国教会之基础由此奠定。

张琏起义失败

嘉靖四十一年（1562）五月，闽粤赣边区农民起义领袖张琏被明军俘获，起义失败。

张琏，广东饶平乌石村人，因杀死族长投奔郑八、萧晚率领的农民起义军，并在郑八死后与萧晚分领部众，转战汀州、漳州、延平和宁都、瑞金等处。嘉靖三十九年（1560），他被推举为首领，进而称帝，年号“造历”，在粤北山中建宫殿大寨，周围环绕数百小寨，号称十万大军，明军不敢轻易围剿。嘉靖四十年（1561）九月，张琏率部自江西入福建，破南靖县，烧毁县学和仓库，再攻陷崇安，后又转攻浙江龙泉县，声势浩大，朝廷震惊。嘉靖四十一年（1562）二月二十五日，明廷令南京都督佥事刘显为总兵官镇守广东，参将俞大猷为副总兵官，入南赣会兵进剿。五月，俞大猷率明军15000人迅速追击到闽赣交界的柏嵩岭，袭破山寨，杀死1200多人，遣散部众2万人。张琏被叛徒出卖，与萧晚一道被明军俘获，起义失败。（一说张琏率部突围后移居南洋。）

严嵩罢官

嘉靖四十一年（1562）五月，内阁首辅严嵩被勒令辞官，其子严世蕃下于狱中。

严嵩（1480–1567），字惟中，号介溪，江西分宜县人。弘治十八年（1505）进士，改庶吉士，授编修。后病归故里，在钤山读书十载，擅长诗文古辞。回朝后历任侍讲，国子监祭酒，礼部右侍郎，吏部左侍郎，南京礼、吏二部尚书。嘉靖十二年（1535），入京任礼部尚书兼翰林学士，主持重修《宋史》。嘉靖二十一年（1542）任武英殿大学士入阁，两年后加太子太傅兼吏部尚书、谨身殿大学士、少傅。嘉靖二十四年（1545）加太子太师、少师，荣任内阁

首辅，独揽国政。嘉靖二十六年（1547）进为华盖殿大学士，翌年加上柱国，并以其子严世蕃为太常寺卿。严氏父子献媚世宗，恃宠专权，排斥异己，残害忠良，害死夏言、曾铣、张经、沈錬、杨继盛等人。同时卖官受贿，遍引私人，致使四方官员争相行贿，且贪酷无厌，广置产业于南京扬州等地。特别是在执政后期，由于侵吞军饷，令战备松弛，东南倭祸和北方边患更为严重，而赋役日增，灾害频繁，天人怨恨。

严嵩像

自嘉靖三十七年（1558）给事中吴时来等人相继疏劾严氏父子后，加之严嵩所献的青词因多出自他人之手，不合要求，更加失去明世宗的欢心，渐为明世宗疏远。嘉靖四十年（1561）十一月，西苑永寿宫失火后，明世宗对奏请移居英宗为太上皇时所居的南城离宫的严嵩更为不满，而对大学士徐阶更为信任。方士蓝道行与严嵩有矛盾，利用扶乩的机会，以仙人说法指严嵩父子是奸臣。明世宗有意罢免严嵩。御史邹应龙得知明世宗意图，在徐阶授意下于嘉靖四十一年（1562）五月十九日上疏弹劾严嵩父子索取贿银，卖官鬻爵，广置田宅，请斩严世蕃，罢免严嵩。明世宗遂以严嵩放纵严世蕃有负国恩，令其辞官还乡，并下严世蕃及家奴严年于狱中。不久，严世蕃被戍雷州（今广东海康），但未至即返。其门客中书舍人罗龙文一到戍所即逃回徽州，数次往来江西与严世蕃密谋作恶。

嘉靖四十三年（1564）十一月，南京御史林润上疏揭发严世蕃、罗龙文诽谤朝政且南通倭寇，北通蒙古，思谋不轨。明世宗怒令林润逮捕严世蕃、罗龙文送往京师。刑部尚书黄光升将狱词送徐阶，徐阶亲笔修改狱词，重点指斥罗龙文私通王直，贿世蕃求官；严世蕃私建宅第图谋称王，并私通倭寇，谋投日本。明世宗遂于嘉靖四十四年（1565）三月将严世蕃、罗龙文处斩。

严嵩被罢黜为民，寄食墓舍，死于隆庆元年（1567）。江西巡抚成守节奉令抄没严嵩江西的家产，得黄金3万多两，银202万多两，府第房屋6600多间，田地山塘27000余亩，珍珠宝石不计其数。

重录《永乐大典》

嘉靖四十一年（1562）初，三大殿发生火灾，明世宗命人抢出《永乐大典》，为防不测，同年八月十三日下诏重录《永乐大典》。

礼部奉命召集儒士程道南等100多人，在史馆内进行分录。直至隆庆初年始告完成，共分正、副两本，原文送归南京，正本藏在文渊阁，副本藏于皇史宬。

明世宗诏令重录《永乐大典》，不失为保护文化遗产的有效方法，正本现不知去向，至今仍是疑案。副本经历清代中后期的战乱，最后仅存64册，存入北京图书馆。

俞大猷戚继光在闽粤大败倭寇

嘉靖四十二年（1563）四月，俞大猷、戚继光在福建兴化大败倭寇，取得抗倭以来的空前大捷。嘉靖四十三年（1564）六月，俞大猷又在惠州之海丰（今广东海丰）取得海丰大捷。自始，倭寇受重创而去，侵扰浙闽粤等沿海一带20余年的倭寇之患渐告平息。

倭寇侵扰东南沿海一带已达20余年，他们攻破城邑，掳掠财物，杀伤官吏军民不计其数，成为东南沿海一患。嘉靖四十年（1561）四月，戚继光率戚家军在浙江台州剿倭奏捷，倭寇流窜到福建。嘉靖四十一年（1562）十一月，流寇洗劫兴化府，次年二月又攻陷福建平海卫（今莆田县平海），四出骚扰，成为福建大患。朝廷命俞大猷、戚继光为剿倭总兵官和副总兵官，会同广东总兵刘显剿倭。

嘉靖四十二年（1563）四月，俞大猷、刘显合歼驻守在福清的倭寇。同时，

戚继光率戚家军由浙江进入福建，与俞、刘分兵三路攻平海卫。戚家军由中路首先攻入，刘、俞左右也告突入，杀敌 2200 余人，收复兴化。戚继光因此升为都督同知，代俞大猷任总兵官，俞大猷则被两广总督兼巡抚荐为广东总兵官，负责剿倭。

嘉靖四十二年（1563）福州百姓为纪念戚继光抗倭所建的“平远台”

嘉靖四十三年（1564）二月，戚继光再次在仙游、同安、漳浦等地大败倭寇，斩获无数，余寇逃出海上。福建倭患渐次平定。同年六月，俞大猷在惠州海丰，斩杀倭寇 1200 余人，取得“海丰大捷”，迫降勾结倭寇的潮州大盗吴军及其党羽蓝松山、叶丹楼等。十二月，广东勾结倭寇的盗首、程乡的邱万里又被擒，广东的倭患也告平息。

潘季驯受命治河

潘季驯（1521–1595），字时良，号印川，浙江乌程（今吴兴）人，嘉靖进士，曾以御史巡按广东。嘉靖四十四年（1565）任右佥都御史，总理河道，开始了长达 27 年的治黄生涯，至万历二十年（1592）告老退休。

潘季驯是明代杰出的治黄专家。自嘉靖末年以来，黄河河道屡次决口，阻绝运河水道，损坏漕运船只，朝廷关于治黄是开新河还是复故道的争论十分激烈。嘉靖四十五年（1566）三月，奉命往勘河工的工科给事中何起鸣奏称：黄河故道难复，开新河费用少，且可杜绝后患，宜用朱衡开新河之建议。潘季驯则坚持修复黄河故道。明世宗下诏开新河。同年六月十四日，新河未成，而黄河再次在沛县决口。朝廷命潘季驯和朱衡再作勘查。潘季驯认为黄河运河相通，黄河防洪与运河维修通漕密不可分，治理黄河也就保护了运河的安全和漕运的畅通。为贯彻“民生运道两便”的治河方针，他提出新的治河方法，即筑堤防溢，建坝减水，以堤束水，以水攻沙，河行故道，反对改流，讲究防治，修黄通运。为了能真正防止河患，潘季驯每次奉命治河，都亲自沿黄河运河淮河岸边调查，虚心向官吏、居民、船工请教，并参加工地劳动。隆庆四年（1571），他督率5万民工疏浚了睢宁题头湾以下正河80多里，沿河修筑堤长3万多丈，堵塞决口11处，确保了漕运的畅通。

海瑞冒死上疏

嘉靖四十五年（1566）二月，户部云南司主事海瑞冒“触忤当死”之险，上《治安疏》，论时弊，刺君过，触怒龙颜，被捕入狱。

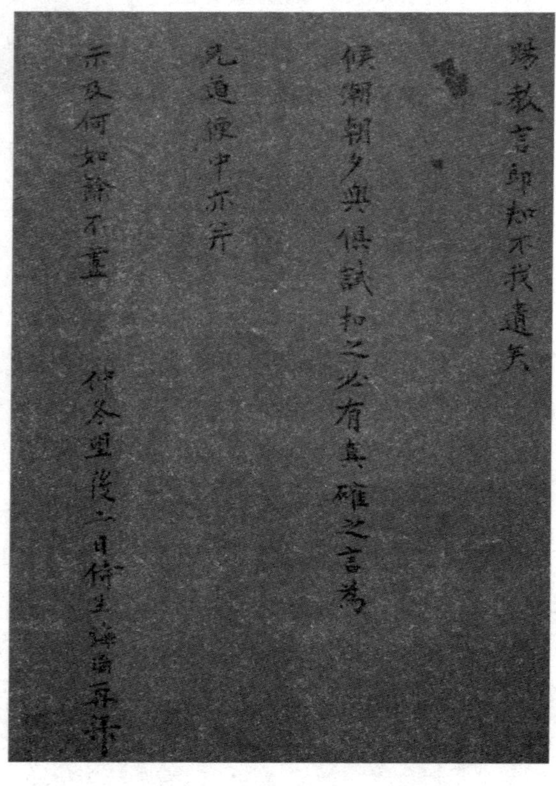

賜教言即知不我遺矣
候謝朝夕與俱試知之必有真確之言為
先道便中亦乞
示及何如餘不盡
但冬望後二日侍生海瑞再拜

海瑞《奉别帖》墨迹（部分）

海瑞，安汝贤，号刚峰，海南琼山人。中年乡试得中举人，曾两次会试不中，之后到福建南平为官，历任淳安、兴国知县。嘉靖四十三年（1565）十月，升为户部云南司主事。次年二月，海瑞为明世宗20余年不见大臣，不理朝政，深居西苑，只求长生不死之术，致使国事日益衰败，特买好棺材，诀别妻子，遣散僮仆，冒死上《治安疏》。

疏中说：皇上即位之初，政令一新，天下欣然望治。但为时不久，即生妄念，企求长生不老，一心求

神仙，竭民膏脂，滥兴土木，20余年不见朝，法纪弛废，以猜嫌诽谤戮辱臣工，致使天下吏贪官横，民不聊生，水旱无时，盗贼兹炽且赋役日增，四方纷纷仿效陛下，大肆浪费，求神拜佛，使得十室九空。甚至有人说："嘉靖者，家家皆净无财可用也。"陛下应翻然悔过，日理朝政，以洗数十年君道不正之积误，洗刷数十年来小人阿谀奉承，臣职不明之耻。《治安疏》言辞激烈，切中时弊，直指皇帝，疏言一出，人称"天下第一疏"、"万世治安疏"。世宗见疏勃然大怒，掷疏在地，便要逮捕海瑞，经劝阻，将疏留朝中数月，但仍将海瑞下狱论死。同年十二月十四日，世宗死。同月二十七日，海瑞获释，官复原职，不久升大理寺丞。

葡萄牙人请求入贡

嘉靖四十四年（1565）四月十七日，占据广东濠镜澳（即澳门）的葡萄牙人哑喏喇归氏，向明政府请求通贡入市。

早在嘉靖三十二年（1553），佛郎机（葡萄牙人）商船以避风为由，请求借濠镜地曝晒水渍贡物，得到海道副使汪柏的许可，在澳门搭起棚篷数十间。次年，佛郎机冒用他国名义请求通市，汪柏受贿应允。从此，佛郎机商船来，"照例抽分"，而佛郎机人也开始建造砖瓦木石屋。至嘉靖四十三年（1564），濠镜的佛郎机人已过万。嘉靖四十四年，哑喏喇归氏假称剌加国（今马六甲州），后假托蒲丽都家，请求通贡入市。

两广镇巡官奏报朝廷，批至礼部商议。礼部认为，"南番国无所谓蒲丽都家（按：即"葡萄牙"的古译音）者，或佛郎机诡托也。"命两广镇巡官查明，如系诡托，便予谢绝；如有汉人通诱，就加以惩治。

明世宗服丹药中毒身亡·朱载垕继位

嘉靖四十五年（1566）十二月十四日，世宗因服用方士所进丹药过度中毒，死于乾清宫，时年60岁，谥孝肃皇帝，庙号世宗，葬于永陵。明世宗即朱厚

熜（1507 ~ 1566）。正德十六年（1521）四月继位，翌年改元嘉靖。明世宗在位45年，初期在大学士杨廷和辅助下，清洗佞臣宦官，退还部分被侵占的民田，减免灾区税粮，力除弊政，颇有一番作为。不久因议“大礼”，重用张璁，朝纲渐坏。中期以后迷信道教，佞求长生，20多年不见朝，专宠严嵩，任用非人，政治腐败，国势日衰，东南倭寇侵袭，北方鞑靼攻袭，赋役日增，民不聊生，先后爆发了四五十次农民起义，政治和经济出现了深刻的危机，明代100多年来富庶治平之业不复存在。朱载垕继位后，改元隆庆。他在位期间总是听任群臣争议而一言不发，被人误以为是个哑巴。

世宗死后继位的隆庆帝朱载垕

俺答犯边

隆庆元年，俺答在大同附近犯边一年之内，寇大同，陷石州，掠交城、文水等地，一时之间，京师震惊。

隆庆元年（1567）五月初十日，俺答率鞑靼军进犯山西大同任达沟等处，在西山和谢家洼受到明参将刘国所部的阻击，无功而返。之后，

世宗朱厚熜

叛徒赵全向俺答献计说，蓟州一带明军防御坚固，兵将众多，而山西一带明军较少且弱，屏障不多，石州、隰州盛产良铁，属富饶之地，明军主力多部署在宣府、大同，不容易驰救石州和隰州。俺答采纳他的建议，同年九月初四日，率骑兵6万分三路进攻朔州、老营和偏头关。由于明军老营副总兵田世威守城自保，而游击方振出战失利，俺答率部南下。九月十二日，俺答、赵全攻陷石州城，杀害男女5万多人，火烧房屋3天。明总兵申维岳驻在距石州城仅40里的大武店，见死不救。俺答又分兵进犯洓水、交城、平阳、介休，并大肆劫掠孝义、平遥、太谷、隰州等地，攻破庄堡17所，满载而归。只因连日秋雨，道路泥泞，许多马匹又病死，只得将许多物品遗弃路边。至十月初五日，俺答率鞑靼兵从容出边。总计鞑靼兵自入犯至出边，袭破大同，石州、文水、交城、清源、祁州、汾州、孝义、介休、平遥、榆次、平乐等州县，肆虐千里，烧杀掳掠人畜数十万，各州县损失惨重。明军将领不敢出击，待俺答远走后才斩杀避难的百姓，冒功报捷。

俺答犯边，加之土蛮部进犯至滦河，京师震惊，隆庆元年九月二十四日，京师一度戒严。

太仓空虚

隆庆元年（1567）十二月，明廷财政拮据，太仓库存银仅足供支付3个月。

由于皇室费用、营造费、俸饷以及边饷的不断增加，嘉靖末年财政日益拮据。明穆宗朱载垕即位后财政问题尤为突出。隆庆元年（1567）十二月十八日，户部尚书司马森在奉命查核内库太仓现存银粮后奏报：太仓现存银135万4562两，每年支付官军银135万多两，边饷236万多两，补发年例182万多两，总计需支付银552万多两。以今年抵算，太仓存银仅足3个月的费用。而京仓现存粮678万3151石，年支付官军月粮262万1500多石，遇闰月另加22万多石。以今年年数计，仓粮仅足够2年有余。明穆宗阅奏后手诏：帑匮至此，朕用度毫未妄费，卿其悉心核计。但他又在两年后强令取太仓银30万两作为内廷的开支，后经大臣们反对才索取10万两。由于明穆宗多次下诏“买玉市珠”，挥霍无度，縻费甚大，致使库藏日益竭匮。

《四友斋丛说》刊行

隆庆三年（1569），明代戏曲理论家何良俊所撰的《四友斋丛说》刊行。初刻为30卷，后又续撰8卷，共为38卷。万历七年（1575）重刻。

何良俊，字元朗，号柘湖，江苏华亭（今上海市松江县）人。爱好诗文戏曲，曾任南京翰林院孔目，后辞官归隐著述，自称与庄周、王维、白居易为友，故题其书房为“四友斋”。

《四友斋丛说》是记述明代苏松地区的综合性笔记资料，内容涉及政治、经济、赋役、徭役、饮食、养生、黄册、防倭、土地、人口等方面，共分17类38卷，即经4卷、史13卷、子2卷、杂记1卷、释道2卷、书画3卷、诗文4卷、正俗2卷以及求志、崇训、尊生、娱老、考文、词曲、续史各1卷。

江西请行一条鞭法

隆庆二年（1568）十二月，江西巡抚刘光济奏请实行一条鞭法。

嘉靖初年，赋役繁苛，人民起义不断发生，各地官府为稳定封建统治，对传统赋役制度进行改革，将各种名目的赋役并为一条，简称“条编法’或“一条鞭法”。嘉靖末年，海瑞、庞尚鹏曾在东南地区试行一条鞭法，效果显著。刘光济请行一条鞭法的主要内容是先将赋与役分别归并，再将对人民扰烦最严重的役逐步并入赋内；里甲改为每年编派一次，赋税和徭役普遍用银折纳，征收起解由人民自理改为完全由官府办理，免去一切烦琐手续。刘光济在江西实行一条鞭法，人民称便，也增加了当地政府的财政收入，在一定程度上缓和了阶级矛盾，同时也为万历九年（1581）张居正在全国推行一条鞭法提供了经验。

南京监生变乱

隆庆元年（1567）九月二十三日，明廷命令将参加两京乡试的监生各革去皿字号，导致南京国子监监生中试者只有数人，比原来减少了 3 / 4。考试揭榜后，考试官王希烈和孙铤等人前往文庙拜谒，几百名落榜监生在沈应元率领下聚集门外喧噪，并在王希烈和孙铤等人走出门外时对他们进行长时间的围攻和辱骂，直至巡城御史、操江都御史派人严加呵斥方才罢休。

南京法司奉令逮治了沈应元等为首者，如例发遣。南宋守备魏国公徐鹏举因闻变坐视削夺禄米两月，司业金达因对监生钤束不严也被夺俸两月。监生的编号一如以前。

俺答孙把汉那吉降明

隆庆四年（1570）九月十三日，俺答孙把汉那吉归降明朝。

把汉那吉是俺答第二子里台吉的独生子，年仅 3 岁即成孤儿，由俺答夫妇抚养长大。俺答曾抢袄儿都司美貌的未婚妻，为了平息袄儿都司的愤怒，竟将把汉那吉所聘的美女送给袄儿都司。把汉那吉十分愤怒，遂于隆庆四年（1570）九月十三日乘俺答西行之机，偕妻子和阿力哥等 10 多人南走败胡堡归降明朝。

俺答获悉把汉那吉降明后，于十月初五日率骑兵 2 万人到平虏城北 60 里处驻扎，威胁明廷交出把汉那吉，气势嚣张。十月十三日，为促使俺答接受明朝封号，内阁首辅高拱、次辅张居正等决定接受把汉那吉来降，任命他为指挥使，阿力哥为正千户，各赐给大红纻丝衣，并命总督王崇古、巡抚方逢时与俺答议和。俺答于十一月十三日遣使节谒见王崇古，请求封号并开通边境互市。王崇古答允，但要求俺答缚献背叛朝廷的白莲教主赵全等人。十二月初四日，俺答将赵全及其党徒李自馨、王廷辅、赵龙、张彦文、刘天麟等人捆绑送往北京，明朝也派遣使节将把汉那吉等人送归俺答。十二月二十二日，隆庆帝亲自到午门城楼接受献俘，并下令斩杀赵全等人。

海瑞兴修水利

隆庆四年（1570）二月，应天巡抚海瑞召集饥民疏浚吴淞江。

隆庆三年（1569），海瑞出任应天巡抚。十二月，海瑞勘得上海县水利长期失修，吴淞江淤为平地约80余里，造成灾害，土地荒芜，饥民成群。海瑞于是决定以工代赈，兴修水利，赈济饥民。他亲自踏勘，细心规划，决定疏浚吴淞江及白茆港，并令松江府同知黄成乐、上海知县张嵿按期开浚。

工程于隆庆四年（1570）正月动工，共长14337丈，阔30多丈，除嘉定应浚外，实开上海自黄艾祁口至宋家桥11571丈，至二月二十三日完工。整个工程共用银5万多两，都是存留的“导河银”、“赃罚银”以及捐献的“赈济谷”等，做到“不取之民，不捐之官”。兴工救荒，疏浚吴淞江，既救活了许多灾民，又兴修了水利，一举两得。此外，海瑞还令百姓在吴淞江两岸开垦了40多万亩熟田，救活饥民10万多人，被当地百姓编歌谣以颂扬。

李攀龙去世

隆庆四年（1570）诗人李攀龙因母亲去世，悲伤过度，心痛而死，终年57岁。

李攀龙（1514–1570），字于鳞，号沧溟，山东历城（今济南）人。为人狂傲好学。嘉靖二十三年（1544）中进士，后任刑部主事，员外郎、郎中、顺德府知府、陕西提学副使。曾居乡十年，建白云楼为读书之所，谢绝宾客。隆庆元年（1567）复出任浙江副使，改参政，后擢升河南按察使。

李攀龙为明中叶一代诗人，其诗以声调著名。他倡导复古拟古，对纠正明代中叶“台阁体”萎弱文风和八股文不良影响起着积极作用，影响明诗坛数十年。曾与谢榛、王世贞、梁有誉、吴维狱创建诗社，号称“五子”。后

又与吴国伦、徐中行等并称“后七子”。著有《诗学诗类》、《唐诗选》、《韵学事类》、《新刻题评名贤词话》、《草堂诗集》、《镌翰林考正四朝七子诗集注解》、《诗册》、《古今诗删》、《沧溟先生集》、《白雪楼诗集》、《白雪集》等。

年画开始复兴

年画是民间新春活动时，用来装饰环境、希望能够避邪纳福和喜庆吉祥的特殊画种，其渊源可追溯到华夏的祖先黄帝时代。《山海经》中就有在门户上画上神荼、郁垒和虎的形象，以对付凶神恶煞的说法。明代以前的年画大多是徒手画成，内容也基本上只是门神、桃符、钟馗等形象。

明代建国以后，经济逐渐得到恢复和发展，绘画艺术也随之发展起来，木刻版画逐渐兴旺，形成了天津杨柳青、苏州桃花坞、山东潍县杨家埠、河

门神·秦叔宝（局部）

木版年画·鱼乐图

南朱仙镇等若干年画生产基地。年画越来越成为当时老百姓喜闻乐见的艺术形式。年画的题材也逐渐多样化，神仙寿星、生活风俗、历史故事、娃娃美人、奇花异卉等等都成了年画的内容。例如在近年收集到的刻印年画中就有《九九消寒之图》（弘治元年，1848 年刊印）、《一团和气图》（嘉靖四十四年，1565 年刊印）、《南极寿星图》（隆庆元年，1567 年刊印）、《朱拓寿星图》等等。其中《九九消寒之图》中央画有梅花一枝，共有 81 片花瓣，四周环绕着从入冬的“一九”到“九九”人们的织布、宴饮、贺岁、赏灯、耕田、游春等项活动，以及羊驮聚宝盆的吉祥内容，寄托着人们对幸福生活的渴望。《南极寿星图》则是隆额皓首的南极仙翁的拱手像，右上角题有：“南极之精，东华之英，寿我邦家，亿万斯龄。”左上角还有假托著名画家蒋嵩“三松笔”的题款。

明代的木版年画在画法风格上，都是用墨版印出线条，再由人工施彩。轮廓鲜明，色彩浓丽，具有绘画效果。后期也有套版彩印的年画。

著名的杨柳青年画约始于明代万历年间，其生产基地位于今天天津市西郊的杨柳青镇，当时就具一定的刊印年画的规模。苏州的桃花坞、山东潍县的杨家埠、河南开封朱仙镇等地的木版年画，最迟在明末都已有独特完整的

产品面世。

冯惟敏成为曲中辛弃疾

明代散曲作家，大多主要沿袭元代后期文人之曲的风格，“啸傲烟霞，嘲弄风月”，表现怡然自得的闲情逸志和风流自赏的文人雅趣，也有面向现实，反映生活，抒发真实个性的，尤以冯惟敏较为著名，被称为曲中辛弃疾。

冯惟敏（1511 ~ 1580？），字汝行，号海浮，山东临朐人。做过几任小官，因耿直嫉恶，不肯逢迎，极不得志，辞职归田。他的散曲有着丰富深刻的现实内容，抒写了他的愤世疾俗的感情，也反映了社会的主要矛盾。他的散曲一改吊古厌世、谈禅归隐、林泉逸兴、男女风情的旧框框，暴露社会矛盾，抨击政治弊病，同情劳动人民。如讽刺统治集团腐朽无能，颠倒是非曲直的[清江引]《八不用》；谴责贪官污吏剥削罪行的[醉太平]《李中麓醉归堂夜活》；揭露上层社会尔虞我诈、贤愚不辨的[端正好]《徐我亭归田》、[一枝花]《对驴弹琴》；抨击科举制的[粉蝶儿]《辞署县印》；关心农事、同情农民的[胡十八]《刈麦有感》、[玉江引]《农家苦》等，都有一定的深度。

艺术上，冯惟敏继承元代豪放派曲家的传统，不尚浮华，恃重本色，以真率明朗、豪辣奔放见长，语言浅近流利，不事雕饰，幽默诙谐，气韵生动，保持了元散曲通俗自然的本色美，故被时人比作曲坛的辛弃疾。他的散曲成就远远超过了同时代的作家，使明代散曲达到了新的高峰。

伊斯兰教经堂教育兴起

明代以前的伊斯兰教教育存在严重缺陷：一方面穆斯林对阿文经典囫囵其辞，不甚了了；另一方面司译者只有口译口讲，难得普及。鉴于这种状况，陕西经师胡登州（1522 ~ 1597）一改以往以家庭为主、以口传手抄《古兰经》为主的办法，借鉴我国传统的私塾教育和阿拉伯经学教育的经验和模式，建立起正规的经堂教育制度，开一代风气，被尊称为“胡太师祖”。

胡登州以清真寺为经堂、阿訇为教师，以经典为读本，招收一定数量的回族子弟，由阿訇集体传习经典，学生毕业时挂幛（标示学历之锦帛）穿衣（回教礼服），学生的衣食住费用由教民供给。经堂教育后来形成两大经学学派：陕西学派和山东学派。陕西学派以胡登州及其初传弟子为代表，其学精而专，一般专攻阿文经典不讲其他。山东学派以常志美、李永寿为代表，其重博而熟，长于波斯文，讲课时阿文、波文兼授，除此以外还有一些小的学派。

明代所建河南沁阳清真北大寺

经堂教育在发展过程中由单纯学习《古兰经》扩展为系统的宗教教育，有《古兰经》、《圣训》的经典注释课，有教义学、教法学、阿文语法修辞等，读本并无统一规定，但逐渐形成“十三本经”，即有十三本书是经堂学生必读的，在中国已流传了数百年。十三本经是《连五本》、《满雨》、《白亚尼》、《遭五·米素巴哈》、《阿戛依杜·伊斯俩目》、《合来哈·伟戛

明代所建的西安化觉巷清真寺碑楼

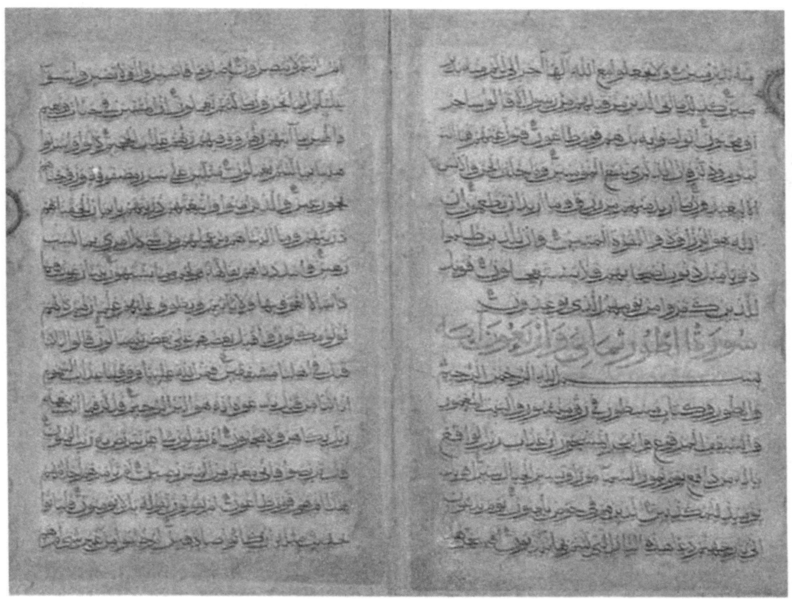

《古兰经》抄本（14 世纪）

业》、《虎托布》、《米尔萨德》、《艾尔白欧》、《艾什尔吐·来麦尔台》、《海瓦依·米诺哈吉》、《古洛司汤》、《古兰经》。

整个经堂教育的时间有五六年之久，这种经堂教育形成了具有中国特色的伊斯兰教育制度，培养出了一大批中国穆斯林学者和人才。

清澜先生陈建诘辩朱陆

陈建（1497—1567），字延肇，号清澜，世称清澜先生，广东东莞人。嘉靖七年举人，后中会试副榜，曾任教谕、知县等官。著有《学蔀通辩》、《治安要议》等著作，以朱学的观点对陆学进行诘辩，对后世影响颇大。

陈建诘辩朱陆主要是基于王守仁（即王阳明）提出的朱陆“早异晚同”的观点进行的，他通过引证，指出朱陆实际上是“早同晚异”。

首先，陈建明确指出朱熹早年曾经研究学习过佛道之学，与陆九渊不约而同。陈建指出，朱熹早年致力于经学，同时也泛滥于佛、道；而且佛道思想渗进儒家学说，这是宋明理学思潮的重要特征，宋明的一些理学大师自周敦颐至王阳明，都不同程度地受佛、道思想的影响，朱熹在自述里说早年习禅，直到31岁拜二程的三传弟子李侗为师后，才发生变化。陈建引用上面这些证明朱、陆早年都受佛学影响，故学术观点是早同晚异，而非王阳明所说早异晚同。

其次，陈建进而提出，朱熹中年才认识陆九渊，并且很多时候都不认为陆学正确，而经常处于水火不容的境地。他指出，朱熹五十七八岁以后，朱陆关系有了根本性变化，朱熹很少称赞陆九渊而经常斥责他的不对。实际上，这种晚年观点上的大相径庭早在淳熙二年的鹅湖之会上就已开始，6年后的南渌之会又进一步恶化，二人互相争辩，互相指责。陈建还指出，朱熹于淳熙四年完成了《论语集注》和《孟子集注》，标志着朱熹客观唯心主义思想体系的建立。而王阳明把二书未完成之前作为朱的晚年定论，明显又是一大错误。

再次，陈建指出朱陆晚年水火不容，从陆九渊去世后，朱熹更不遗余力地批驳其观点可以明显知道。淳熙十四年，朱熹在致陆九渊的信中，指斥陆学不合正道，乖戾狠悖。陆九渊去世后第二年，朱熹又指斥陆学堕于佛老之空虚邪见，偏离根本。陈建在保卫朱学的立场抨击陆王心学，他揭示朱陆之学的早同晚异，而非王阳明所说的早异晚同。

陈建和他的《学蔀通辩》，反映了明中期王学崛起之后，在理学阵营内部宗朱学者的反响和所持态度。朱陆异同之争，是宋明时期理学阵营中两派对立的分界，而《学蔀通辩》又将它带入一个新高潮。直至清代，朱陆之辩仍在继续。朱陆两个阵营中分歧始终存在，但基本方面是相同的。《学蔀通辩》将朱熹著作的早晚次序考辨清楚，纠正了王阳明之误，有助于对朱子思想进行真切了解，且立足于批评心学；但他站在捍卫朱学的立场，诋陆、王为佛禅，又未免失之偏颇。

漆器工艺达到顶峰

中国漆器工艺历史悠久，源远流长。但到东汉魏晋时，由于瓷器的兴起，漆器工艺受到打击，导致漆器业的衰落。但这反而促使漆器工艺在技法上寻

双龙纹委角长方形剔彩盒（明万历）

求新的发展，并吸收外来的先进技术，如新的调漆材料密陀绘等，从而使漆器工艺在技法上有重要的突破，漆器业重新焕发出新的光彩，又得到迅速的发展。特别是到明代，漆器工艺发展达到了顶峰，无论是品种、技术都有了长足的发展，并出现了总结漆器工艺技术的专著以及一批著名的能工巧匠。

首先是漆器的髹法上，多种髹法的结合是明代漆器的主要特点。它富于变化，绚丽多姿，超过以往任何时期。有“千文万华，纷然不可胜说”之说。

再如堆漆，唐宋间的堆漆多外露本色，灰褐无光，其表面不再髹色漆。由于色泽暗淡，故明清时很少出现。明代时的堆漆，在花纹堆起后还要用刀雕琢，雕琢之后，花纹上或贴金、或髹色漆、或髹色油，比以前各代的本色堆漆华美得多。

雕漆工艺方面，明代也有很大的发展。雕漆是在木、铜等台上涂彩色大漆，多达几十道至百道，达到一定厚度后，趁其未干，雕镂花纹，呈浮雕效果，最后烘干、磨光，因漆色不同，分剔红、剔黑、剔彩、剔犀等，一般多为剔红。

这种工艺据说始于唐代，但无实物，到元代后期比较发达，明代在元末的基础上又有新发展，并出现繁荣景象。其原因是明朝政府在中央和地方设立了很多官办的手工业生产和管理机构，如北京的果园厂等，专门生产各种漆器，为朝廷、官府服务。再加上民间的，如浙江嘉兴等地漆器业也有很大的发展，从而共同促进了雕漆工艺的繁荣。

描金龙纹墨漆戥子盒（万历）

又如螺钿工艺方面，在明代比较流行，其中薄螺钿有较大的发展，可以说发展到了顶峰。明代薄螺钿纤细精工，达到惊人的程度。并懂得如何区分不同颜色的闪光，裁切成不同大小和形态的嵌材，巧妙地加以运用，来取得工笔画的效果。特别是到17世纪，薄螺钿漆器可谓发展到顶峰。明代螺钿工艺繁荣还表现在当时出现一位“名闻朝野，信今传后无疑”的嵌钿巨匠江千里，他的作品曾风靡当世。

百宝嵌工艺，到明代开始成为流行品种。百宝嵌，是用多种珍贵材料在漆器上镶出华美的画面。百宝嵌远在西汉时已见其端倪，但成为流行品种则是在明代，并出现一种新的工艺方法——“周制法”。周制法是明末扬州周翥所创，故名周制法。这种方法是用金银、宝石、珍珠、珊瑚、碧玉、翡翠、水晶、玛瑙、玳瑁、青金、螺钿、沉香等为料，雕刻成山水人物、树木楼台、花卉翎毛，然后镶嵌于檀梨漆器之上，大的有屏风桌椅、窗格书架，小的有笔架茶具、砚匣书籍。五彩缤纷，难以形容，为自古以来没看过的奇玩。百宝嵌到清代时更为盛行，乾隆年间的王国琛、卢映精通此技，名声远传。

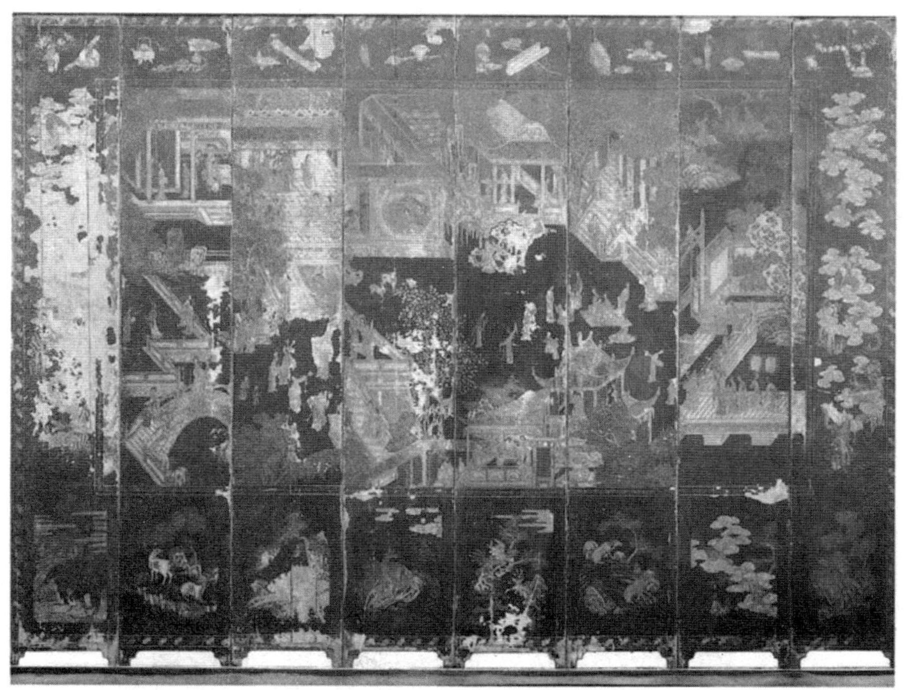

明款彩楼阁园林图黑漆屏风

明代漆器工艺达到顶峰，还表现在明代出现了中国古代唯一现存的一本漆艺专著——《髹饰录》。该书由明后期漆艺大师黄成所著。它全面地介绍了中国丰富多彩的漆艺品种及其历史，使人们对中国古代，尤其是唐宋漆艺有所了解，以弥补文献和考古资料之不足。同时该书详细介绍了中国古代各种漆艺的装饰手法，为后人进行漆艺创作开辟了广阔的道路。

中国古代漆器工艺的不断发展，不仅为我们留下丰富的遗产，而且还传播到全世界，先是东亚、东南亚，继而是西欧及北美。世界上一切制造漆器或用其他材料模仿漆器的国家，无不或多或少受到中国的影响。但中国的能工巧匠们也善于吸收他国的长处，尊重别人的成就。例如描金之法由中国传到日本，到日本有了高度的发展，我们的先辈又通过学习、吸收、借鉴，反过来提高自己的技术。这也是中国古代漆器工艺能不断前进、不断发展的重要因素。

杨氏父子描金

杨氏父子即杨埙（字景和）及其父两人。他俩都是明代的描金名匠，在描金技术上都有所创新。同时在中日漆工艺的交流上也有所贡献。

描金，包括《髹饰录》描饰门中的描金、阳识门中的识文描金及斑斓门中的描金与其他髹法相结合的几个品种。描金，又名泥金画漆，以黑漆作地的最常见，朱漆地次之。描金原料，有的只用一种金箔，故花纹金色如一。但有淡有浓，北京匠称之为“搜金”。山水风景多用此法来描绘近岭远峰的显晦明灭，或一坡一石的向背阴阳。有的用两种或三种金箔描金，如田赤金、苏大赤金、库金，一种比一种颜色深，用它们作画，犹如设色，可以随类赋彩。《髹饰录》称之为“彩金像”。杨氏父子在描金原料的使用上就有所发展。

明代虎头牌：防御和进攻相结合的武器。在盾形火箭药架上安装四组火箭共8支，中间炮口可发射火铳，另有两个瞭望孔。

杨埙的父亲于明宣德年间曾被派到日本传授泥金画漆的技术。杨埙也向他父亲学习，并有所发展。他描金时，用五色金钿并施，不只用旧法，有时纯用金。所以他描金的各种物品，色彩各自相称，形象逼真，富丽堂皇。连日本人见到后，也赞叹不已，“以为不可及”。我国的描金漆器，在战国时已达到很高的水平，并逐步传入日本。但到明朝

中期，日本的描金（莳绘）有很大的发展，反过来又影响中国。杨埙吸收了日本的技法而有所创新，于是反过去又影响了日本。中日的漆工艺正是在这种交互影响的背景下共同前进的。

刀术迅速发展

自宋以来，朴刀、长刀、双刀等刀法在民间习武活动中已占有相当的地位。宋元话本、杂剧对此多有描写，但是有关诸家刀法的描述则少见。这一现象到明代开始发生变化，从明代典籍的记载可以窥见当时丰富的诸家刀法。《江南经略》卷八《兵器总论》记载，当时使刀之家十五，曰偃月刀（三十六刀法）；曰双刀；曰钩刀（阴手、阳手）；曰手刀；曰锯刀；曰掉刀；曰太平刀；曰定戎刀；曰朝天刀；曰开关刀；曰开阵刀；曰划阵刀；曰偏刀；曰车刀；曰七刀。此 15 家远不能包括当时丰富的刀法。如《阵纪》卷二《技用》亦列有 10 余家，如凤嘴刀、三尖两刃刀、斩马刀、镰刀、苗刀、麋刀、狼刀、掉刀、屈刀、戟刀、眉锋刀、雁翎刀、提刀之类。

尽管以上刀法丰富，但从军事实战角度来看，当时的民间刀法中的“花法”普遍存在，实用性不太大，它是由宋以来民间武术的内容及作用向多样化、复杂化发展的必然趋势所造成。

但民间诸刀法必定不是武舞，尤其在当时情况下，它仍有一个面临个体实战格斗的问题。所以多数民间刀法并未脱离这个宗旨。只是其表现形式与军中一切为实战的整体训练不同。因此它本身就存在着改进和发展的必然性。而当时倭刀技能的输入，为这种发展提供了契机。

倭刀术输入之时，正是我国民间刀法门类纷起发展之时，明人又重实践，因此促使了刀法的研究。明末王余佑所著《十三刀法》是这一时期刀术的代表作之一。在该书中，王把刀法归纳为 13 法（劈、打、磕、扎、砍、搧、撩、提、托、老、嫩、迟、急），又加上 6 法（缠、滑、拨、擦、抽、截）。前 13 法皆为常见之用法，而后 6 法，则是有相当难度的用法。王余佑对每个字都分别作了详解，使习者一目了然。王余佑为使习者练习，列有“行刀六路，每路十八刀，计一百零八刀势，皆系十三法内，攻击杀手，进退高低，宽窄腾移，无不周备”。从其动作内容看，毫无泛常虚架，皆势势相承，攻守兼备，完全是根据实战需要编排的，同时王还以主客对刀的形式（胜者为主，输者为客），叙述了客方犯主，主方以静待动的“六法”；主方攻客，动中制静（动则应之，不动则诱之）的“八法”。人们通过这种练习，可熟悉各种刀法的应用，达到运刀自如的目的。

明代各种传统刀技在原有基础上，也有很大的发展，刀术成为这一时期有较大发展的武术技能之一。

各种兵器武术繁荣

元末明初施耐庵所著《水浒传》第二回，将“十八般武艺”具体化，即矛、锤、弓、弩、铳、鞭、简、剑、链、挝、斧、钺、戈、戟、牌、棒、枪、杈。“十八般武艺”的具体化，本身就说明了民间杂兵武术的发展。入明后，“十八般”的内容又在不断变化，宋国祯《涌幢小品》卷十二记载：“武艺十八事，一弓、二弩、三枪、四刀、五剑、六矛、七盾、八斧、九钺、十戟、十一鞭、 十二简、十三挝、十四殳、十五杈、十六爬头、十七绵绳套索、十八白打。”十八般武艺内容的变化，在一定程度上反映了民间武术内容的变迁，但实际上当时民间武术的内容决非十八般武艺所能囊括。

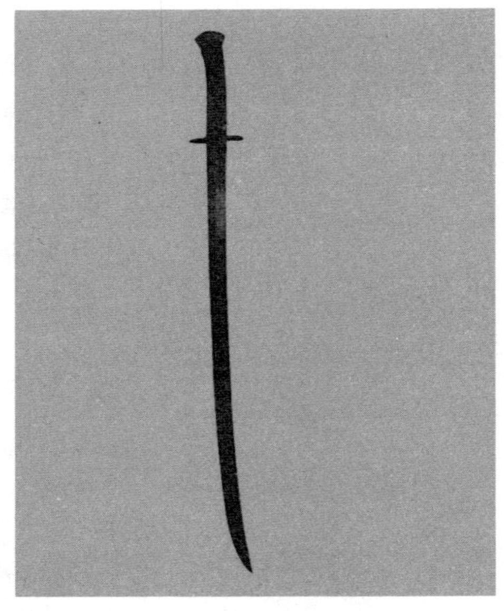
戚继光用过的军刀

明代杂兵武术较以前更为兴盛。王圻《总论兵器》将明代杂兵列为 3 类：第一类为“杂器之家”，有铁鞭、夹棒、单手燥铁链子、蒺藜算头、金刚圆、镘掌铁尺、吕公拐子、刚叉、狼筅和镋，共 10 家；第二类为钯，有雄牛出阵钯、

山门七埋伏钯、直行虎钯和稍拦跟进钯，共5家；第三类是马上器械，有鞭、锏、锤、槌、流星、锁虎门、马叉上带使流星鞭、双舞剑、双刀、马杈、天平铲、天方星、枪、关刀、斩马刀和月枪，共16家。王圻说这些技艺“各有专门，秘法散之四方”、“教师相传，各臻妙际”。可见上述武术内容在民间流传甚广。茅元仪《武备志》卷一0四《军资乘战器械篇》，还列有明以前鲜见的双飞挝、飞钩和飞锤三种击兵。双飞挝，“若鹰爪样，五指攒中，钉活，穿长绳采之，始击人马用大力人击去，着身收合，回头不能脱走。”飞钩“一名铁鸱脚钩，锋长利，四刃，曲贯铁索，以麻绳续之钚”，同时，“则掷钩于稠人中，急牵挽之，每钩可取二人”。飞锤“即流星锤也，锤有二，前者为之正锤，后面手中提者，为之救命锤”。杂兵武术的发展对后世民间武术进一步向庞杂方向发展有极大影响。

朱载堉开创舞学

朱载堉是我国明代著名科学家和艺术史论家，除在乐学、律学、历学等方面有重大成就外，他还把舞蹈从“乐”中分离出来，开创了一门新的学科——“舞学”。

朱载堉的舞蹈学说，比较集中地汇辑在《律吕精义·论舞学不可废》上、下篇及多种“拟古舞谱”的序跋中，《论舞学不可废》上篇包括“舞学十议”所论舞蹈艺术10个方面的重要问题：

印有黑龙纹的明代竹纸

“舞学”，舞蹈基本理论和某些有针对性的评论。

“舞人”，舞蹈表演者的身份、教养、

体态、仪表的标准及要求。

"舞名"，对历代名牌的回顾及分类。

"舞器"，舞蹈道具规格及使用方式方法。

"舞佾"，舞蹈人数和行列标准。

"舞表"，舞蹈位置及活动形式。

"舞声"，舞蹈音乐，也包括唱词。

"舞容"，舞蹈姿态及其所表达的意义。

"舞衣"，舞蹈服饰的制式等。

"舞谱"，即《论舞学不可废》下篇的内容。

在对舞蹈艺术特性的论述中，朱载堉继承发展了古代乐论中舞蹈起源于"物"，起源于丰富多彩的现实生活的论点，他说："盖乐心内发，感物而动，不觉手足自运，欢之至也。此舞之所由起也。"

朱载堉对舞蹈技艺问题提出了颇具创造性的看法，他认为舞蹈动作必须要有丰富的变化、较高的技艺，才能产生应有的艺术魅力。在"舞容"条中说："乐舞之妙在于进退屈伸离合变态，若非变态，则舞不神，不神而欲感动鬼神，难矣。"

朱载堉对中国古代舞蹈史上某些突出现象提出了他独特的见解。对于古乐绝传，他认为内在原因是：古乐是向内收敛的，俗乐是向外开放的，人们喜爱"放肆"而厌恶"收敛"，"是以听古乐惟恐卧，听俗乐不知倦，俗乐兴则古乐亡，与秦火不相干也"。从表现形式上看，他认为"太常雅乐立定不移，微示手足之容而无进退周旋，离合变态，故使现有不能兴起感动，此后世失传耳"。也就是说舞蹈缺乏生动活泼的固有特性，缺乏艺术性和不具欣赏价值，刻板僵化，不管如何地貌似神圣、重要，终究要被历史所淘汰。

在音乐与舞蹈关系方面，朱载堉的见解也是中肯和颇具说服力的，他说："夫乐之声在耳曰声，在目曰容。声应予耳可以听知，容藏于心难以貌睹，故圣人假干戚羽籥以表其容，蹈厉揖让以见其意，声容选和则大乐备矣。"他不仅辩证论述了舞与乐相互依存的紧密关系，还充分地肯定了乐与舞各自独立的艺术品格与相互难以取代的重要作用，他接着进一步阐述："有乐而无舞，似瞽者知音而不能见，有舞而无乐，如痖者会意而不能言。乐舞合节，谓之中和，天地位焉，万物育焉。"

在舞蹈的分类及古舞的承继、变迁诸问题上有许多新的见解。他认为，历代舞名虽然很多，“考其大端，不过武舞、文舞二种而已”。这是从内容上分的，武舞为示其勇、表其功，文舞则昭其德、著其仁。若从风格上分类，又有“世俗所谓粗舞、细舞”的区别，“粗舞者，雄壮之舞也；细舞者，柔善之舞也。”此外他还从舞器特征上将舞蹈分为“干舞”与“羽舞”，因为武舞使用朱干玉戚，文舞则执夏翟苇籥。

朱载堉400年前创立的舞学和他对舞学的研究成果，对后世有重要的参考价值与启示作用。

私家藏书楼天一阁建成

天一阁创建于明嘉靖四十年（1561），约建成于嘉靖四十五年（1566），位于今浙江省宁波市西月湖边，是中国现存最早的私家藏书楼。阁主人范钦（1504–1585），字尧卿，号东明，明浙江鄞县（今宁波市）人。嘉靖十一年进士，历官至兵部右侍郎。生平好学，性喜读书，为收集图书，曾遍访藏书名家和各地坊肆，遇未见善本，即借阅抄录，日久收藏甚丰，乃建阁存置藏书。

天一阁取意于“天一生水，地六成之”之说，主建筑有尊经阁、天一阁等，占地2000多平方米。天一阁为一座两层楼房，上层不分间，通为一厅，以书橱相间，下层则分为6间。图书全部贮于上层，其书橱下各置一块英石，以收潮气，橱内并置有芸草以防虫蛀，楼上前后有窗以利通风，其建筑形态及规制对日后修建藏书楼有积极影响。清乾隆时为了建阁贮藏《四库全书》，曾派人到宁波察看天一阁的建筑式样，后来便参考其规制建造了考藏《四库全书》的文渊阁等七阁。天一阁还为《四库全书》的编修献书638种并受到嘉奖。

天一阁原有藏书7万余卷。由于范钦一生笃爱藏书，其收集图书并不专注于明以前旧本，也十分重视收集当代资料，因此，天一阁所藏以明代各省地方志，洪武、永乐以下各省登科录及各省乡试、会试、武举录为一大特色，尤为珍贵。地方志中，有些是属于边远地区如云南、海南岛等地，皆为难得的资料，对研究中国边远地区历史及文化都有重要价值。此外，还保存了许多明代学者的著述、诗文集，以及明代所刻明以前古籍。因此，天一阁对保

宁波天一阁

存中国古籍也起到了积极作用。

天一阁有一套严密的图书保管制度，范钦的子孙也能严格遵守，故阁中藏书一直保存完好。这在私家藏书史上是绝无仅有的。但天一阁藏书在明末清初之际曾有一些散失，此后屡遭人为的掠夺。道光二十年（1840）鸦片战争爆发，英军攻占宁波后闯入天一阁，劫去《大明一统志》和地方志数十种。咸丰十一年（1861）太平军进驻宁波后，当地盗贼乘乱入阁，盗窃藏书甚多。1924 年上海一些不法书商雇佣盗贼潜入阁中，盗出藏书约千余种，损失巨大。至此阁中藏书只剩 1.3 万余卷。

北曲衰落·南曲变革

北曲杂剧是一种比较成熟的剧种，在音乐方面已形成相当严格的规范，不仅讲究宫调联套，而且有较成功的弦索伴奏。它在宫廷教坊和市井勾栏中已有长期流行的历史。明嘉靖以来，由于商品经济发展加速，东南沿海城市各种行业和娱乐场所的兴起，再加上以江南通都大邑的观众为主要对象的南戏诸腔大盛，北曲杂剧已在明代前期呈衰落之势，逐渐失去了在昔日舞台上的地位。

嘉靖末年，北曲杂剧已不流行。何良俊说：“今教坊所唱，率多时曲。此等杂剧古词，皆不传习。三本（指《㑳梅香》、《倩女离魂》、《王粲登楼》）中，独《㑳梅香》头一折［点绛唇］尚有人会唱。至第二折‘惊飞幽鸟’与《倩女离魂》内‘人去阳台’、《王粲登楼》内‘尘满征衣’，人久不闻，不知弦索中有此曲矣。”当时会唱北曲的人已不多，所以何良俊深感忧虑地说：“近日多尚海盐南曲，……甚者北土亦移而耽之。更数世后，北曲亦失传矣”（《曲论》）。为了挽救北曲，何良俊曾聘请南教坊的老乐工顿仁教其家乐演习北曲，但也无济于事。

正当北曲走向衰落的时候，南曲诸声腔也由于追求时尚的异调新声而开始了自身的变革。在嘉靖以前南戏的各种声腔已经存在，最有影响的是弋阳腔、海盐腔、余姚腔和昆山腔等。

明嘉靖、隆庆年间，以魏良辅为代表的一批戏曲音乐家集南北曲演唱之经验，对昆山腔进行了全面而成功的改革，这次改革在中国戏曲声腔发展史上产生了重大影响。

魏良辅不满于当时的“南曲率平直无意致”，于是“转喉押调，度为新声。疾徐高下清浊之数，一依本宫；取字齿唇间，跌换巧掇，恒以深邈助其凄唳”（余怀《寄畅园闻歌记》载《虞初新志》）。他从清唱入手，在宫调、平仄、气韵、声口等方面苦心研磨，结果“尽洗乖声，别开堂奥。调用水磨，拍捱冷板声

明人绘《皇都积胜图》中的说唱表演场面

则平上去入之婉协，字则头腹尾音之毕匀。功深镕琢，气无烟火。启口轻圆，收音纯细”（沈宠绥《度曲须知·曲运隆衰》）。本来就“体局静好”的昆山腔，经此一番“水磨”功夫，就“较海盐腔又为清柔而婉折”了。

稍后，音乐家、剧作家梁辰鱼把改革的昆山腔推进到一种戏曲声腔。他按昆山新腔的严整格律写成《浣纱记》传奇，立即风靡剧坛。改革后的昆山腔因此剧的风行而得以推广和传播，昆山腔成了贵族、官僚、地主们追趋的新鲜玩意儿。

明行匠户制度

明代沿袭了元代的匠户制度，将人户分为民、军、匠三等。其中匠籍全为手工业者，军籍中也有不少在各都司卫所管辖的军器局中服役者，称为军匠。从法律地位上说，这些被编入特殊户籍的工匠和军匠比一般民户为低，他们

明代紫檀四开光坐墩

要世世承袭，且为了便于勾补而不许分户。匠、军户若想脱离原户籍极为困难，需经皇帝特旨批准方可，而身隶匠、军籍是不得应试侪于流的。明代匠户分为轮班和住坐两类。明代前期，官营手工业处于鼎盛时期，工匠总数大体上在30万人上下浮动，其中80%属于轮班匠，20%属于住坐匠。住坐匠一般附籍于京师及其附近，就地为封建统治者服役；而轮班匠则住在原籍，按其远近，排定班次轮流到指定地点（多为京师）服役。

明代在人身束缚和工作自由度方面改变较大的是官营手工业和重大工程的主要承担者轮班匠。洪武十九年（1386）正式确立了轮班匠的征集使用具体规定，即各地划入匠籍的工匠分为若干班次，每3年到京师服役3个月。但政府各部门每年需求不一，再加计划不周，有时到京师的工匠“无工可役”。

洪武二十六年（1393）遂进行改革，打破了3年一班的硬性规定，根据各部门实际需要重新规定5种班次；景泰五年（1454）再次进行匠役改革，全国划一为4年1班，终明未变。

轮班匠的劳动是无偿的，要受工官作头的管制盘剥，工匠以怠工、隐冒、逃亡等手段进行反抗，明政府不得不制定了适应商品经济发展的以银代役法。成化二十一年（1485）规定，轮班匠愿出银代役者，“每名每月南匠出银九钱，免赴京”，“北匠出银六钱，随即批放”。弘治十八年（1505）取消了南、北匠差别，改为可征银代役，无力交银者仍亲身服役。嘉靖四十一年（1562）起，轮班工匠一律征银，政府则以银雇工。这样，轮班匠实际已名存实亡，身隶匠籍者可自由从事工商业，人身束缚大为削弱。明中期开始的逐步深化的匠役改革无疑促进了民间手工业生产的发展。到了清入关后，持续了4个半世纪的匠户制度正式终结。

1571 ~ 1580A.D.

明朝

1571A．D．明隆庆五年

是夏，诏江西烧造瓷器12万余件，陕西织造羊绒32200余匹，凡费一百数十万两，言官谏，不听。是岁，名文学家归有光死。

1572A．D．明隆庆六年

五月，穆宗死；六月，子翊钧嗣，是为神宗显皇帝，改明年为万历元年。

1573A．D．明神宗显皇帝朱翊钧万历元年

正月，王大臣之狱起，司礼太监冯保欲因以陷故辅高拱，未果，大臣被杀。

1576A．D．明万历四年

三月，戚继光修三屯营成。泰宁部长炒花犯古北口。

六月，遣太监督苏杭织造。诏修会典。

草湾河工成，长11100余丈，塞决口22，役夫44000。

1577A．D．明万历五年

九月，张居正父丧，谋留位，纠劾之者多杖贬。十二月，罢苏杭织造，寻复之。

1578A．D．明万历六年

李时珍撰成《本草纲目》。

1579A．D．明历七年

正月，张居正恶书院，请废之。凡毁六十四处。

七月，振苏松饥，旋罢苏杭织造。是冬，修河工成，凡筑堤300余里，又56000余丈，费银56万余两。学者何心隐以"妖道"名被捕。

1580A．D．明万历八年

六月，剿倭名将俞大猷死。

1571A．D．

教王庇乌五世组织包括西班牙、奥地利与威尼斯之"神圣同盟"，由奥地利之约翰统帅其舰队，于十月七日与土耳其海军大战于勒颁多海面（巴尔干半岛西南），获得巨大胜利。

1572A．D．

法兰西旧教贵族乘胡格诺派领袖那伐尔王亨利与查理九世幼妹马加累特在巴黎举行结婚典礼，于八月二十三（圣巴多罗缪节日前夕）至二十四日对齐集巴黎之胡格诺派大加屠杀，死者3000余。外省亦同时屠杀。死者十倍之。史称"圣巴多罗缪节屠杀"。同年第四次宗教战争起。

戚继光出镇北边

隆庆元年（1567），抗倭名将戚继光奉明穆宗诏令北调，镇守明廷北部边防重镇蓟门。之后，戚继光北方镇边 16 年，“边备修饬，蓟门宴然”。

戚继光初到蓟门，翌年遭忌而为神机营副将，不久又改任都督同知，总理蓟州、昌平、保定三镇，训练边兵，总兵官以下皆听其节制。隆庆三年（1569）又以总理兼镇守蓟州、永平、山海关等处，督率十二路军戍边。

戚继光巡行边塞，认为边墙虽修而墩台未建，不利于御敌；军纪松弛，不利于作战，于是决定致力于筑台与练兵两事，并奉令调派军卒修筑蓟镇昌平敌台，又调浙兵 3000 人北戍，天下大雨时自早至晚植立不动，边军大惊始知军令之严。

蓟镇昌平敌台建成于隆庆五年（1571）八月二十一日，工程蜿蜒曲折，巍峨雄伟，骑墙而筑，隔七八十垛设一台，台分 3 层，高与墙平，浑然一体。每台设百总一名，驻军三四十人，五台设一把总，十台设一千总，互相呼应，大大增强了防御能力。敌台之间还设有烽堠墩，每墩驻军 5 名，监视敌情，烽火传警。

在筑台的同时，戚继光还从严训练士兵。他规定的练伍法、练胆气、练耳目、练手足、练营阵

和练将法，实用恰切。在原有步兵、骑兵基础上创建"车战营"，营中编置轻、重车和步、骑兵，车上配置轻重火器，诸兵协同作战，攻防一体，成效斐然。万历元年（1573），戚继光击退兀良哈朵颜部酋长董狐狸的进攻，并俘获其弟董长秃，迫使董狐狸送还被掳边民，不敢再犯蓟门。神宗即位后，戚继光奏请增拓三屯营，至万历四年（1576）二月完工，共增拓3000多座敌台，作为侦察防御之用，并移忠义中卫于三屯营内，设官统领。张居正坚决支持戚继光的边防建设，"欲为继光难者，辄徙之去"。经过戚继光的苦心经营，蓟镇的长城体系更为坚固，步骑车营十分整肃。

戚继光留下过足迹的山海关龙头（上图）及他在该地题写的"天开海岳"石碑（下图）

张居正去世半年后，言官以戚继光是张调用的人，弹劾"继光不宜于北"，将他调于广东赋闲。戚继光悒悒不得志，次年便请病归。万历十五年（1587）病卒。朝廷追封为"武毅"。戚继光除《练兵实记》，还著有《纪效新书》、《武备新书》等。

戚继光著《练兵实纪》

《练兵实纪》是戚继光于隆庆五年（1571）写成。它是一本以军事训练为主的著名兵书。正集9卷，分练伍法、练胆气、练手足、练营阵、练将法6篇。附杂集6卷，分储练通论、将官到任宝鉴、登坛口授、军器解、车步骑营阵解5篇。该书反映了在当时的作战对象及火器大量使用的情况下编制装备的

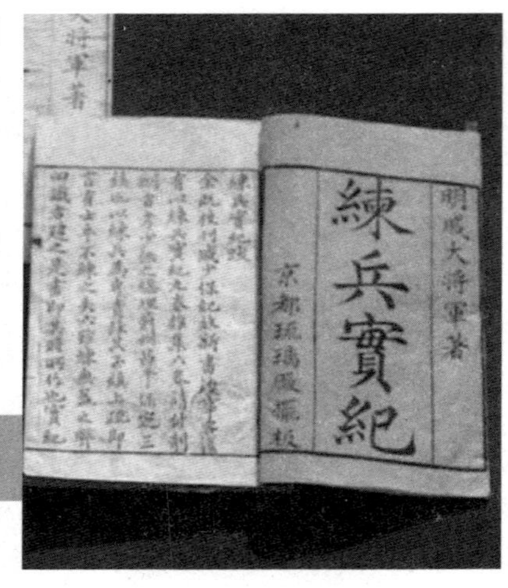

戚继光所著《练兵实纪》

改进。同时，反映了练兵方法的革新，训练步兵、骑兵、车兵及铳手、炮手等配合作战，以发挥各种武器的威力，这具有时代的特点。且其法均切于北方边防实用，故称“实纪”。该书对当时边备修饬、保持安宁有重要意义，也为后代兵家所重。

《皇明资治通纪》遭禁毁

隆庆五年（1571）九月，明穆宗下令焚毁当代史巨著《皇明资治通纪》。

《皇明资治通纪》又名《皇明通纪》，是明代私人编纂的当代史巨著，共34卷，为广东东莞陈建所编。该书上溯洪武，下至正德，因内容迥然有别于官修史书，号称直笔，很受人们欢迎。

隆庆五年（1571）九月二十二日，工科给事中李贵和上奏明穆宗称：历朝实录都是儒臣奉旨编纂后藏于档案库的。草莽平民陈建越职僭拟犯了自用自专之罪，况且时间跨度为200年，地域跨度为万余里，而以一人之见闻臧否时贤，迷惑众听，宜早加以禁绝，以免以谬传谬，贻累国家大事。明穆宗在听取礼部意见后诏令焚毁《皇明资治通纪》原版，各史馆不得采用。

尽管《皇明资治通纪》遭禁毁，但在明朝末年许多学者如陈龙可、江旭奇等仍对该书进行补订。

张居正掌权

隆庆六年（1572）七月，大学士张居正（1525–1582）交结宦官冯保辅助幼年明神宗执掌朝政。

隆庆六年（1572）五月二十六日，在位仅7年的明穆宗朱载坖病逝，皇太子传谕太监冯保任司礼监，取代首辅高拱所举荐的司礼监陈洪。冯保既执

帝国飘摇

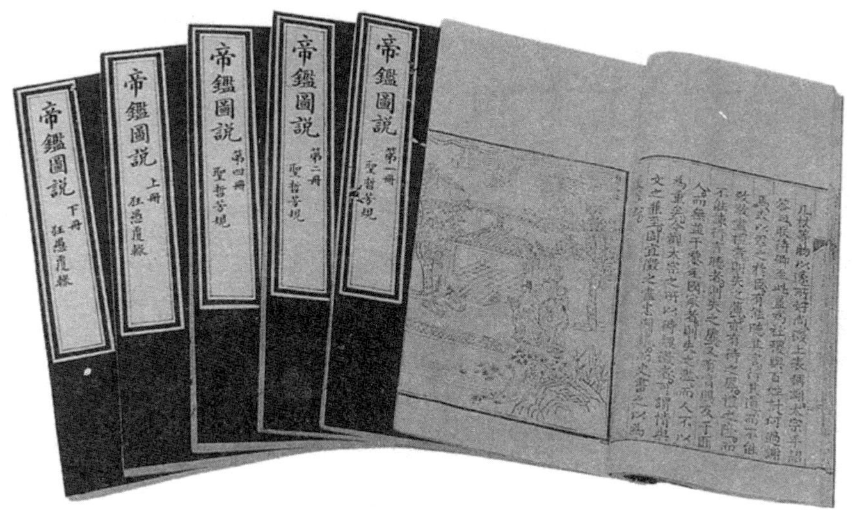

张居正为皇帝编著的《帝鉴图说》

掌司礼监又督领东厂，总理内外，势力日增。六月初，皇太子朱翊钧即皇帝位，年仅 10 岁，即为明神宗。神宗登基时，冯保“依阁臣并司礼监辅导”，升立御座旁不下，众廷臣十分惊骇。六月十三日，高拱条陈新政五事，认为皇帝年幼，宦官专权，奏请绌司礼监之权，还权于内阁，并派人通告张居正。张居正表面上点头允诺，暗中则告知冯保。冯保恨高拱欲夺其权，向太后指诉高拱擅权，并篡改高拱言语，谓高先生曾说“十岁儿安能决事”，此为蔑视幼君。六月十六日，皇太后和明神宗将高拱罢官。张居正升任内阁首辅，并荐举礼部尚书吕调阳兼文渊阁大学士，参预机务。至此，国家朝政悉由张居正、冯保两人执掌。

冯、张掌权后，冯保主内廷，张居正主外，朝政大权落在张的手中。张居正先行了一系列扶君举措。同年十二月十七日，张居正率讲官向明神宗进呈《帝鉴图说》。该书是张居正嘱讲官马自强等考究古代天下之君诸事，择其善可为法者八十一事，恶可为戒者三十六事，每一事前绘一图取唐太宗“以古为鉴”之意命名。同月，张居正又请神宗次年正月上旬开经筵，因逢先帝丧期，请勿设宴，并免元夕灯火。神宗采纳，并谕节日期间酒饭酌免，省下 700 余两。翌年（1573）十月初八日，张居正到文华殿为明神宗讲解《帝鉴图说》，

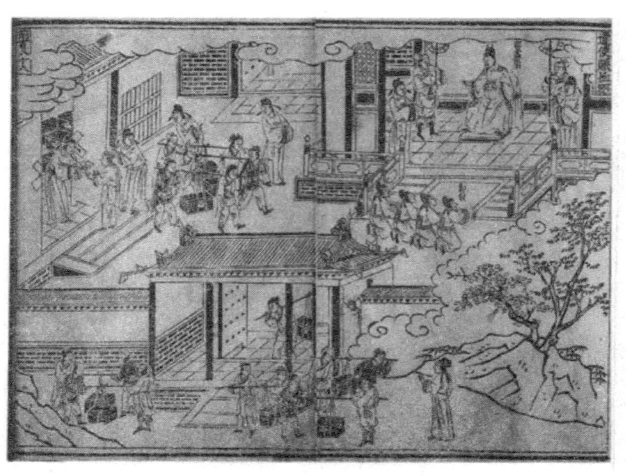

《帝鉴图说》插图

称人君应以布德修政，施仁义，贵五谷而贱珠玉，结民心为本，天时不如地利，地利不如人和，获得朱翊钧赞许。万历二年（1574）十二月十二日，张居正更仿效前人做法，嘱托吏部尚书张瀚、兵部尚书谭纶查点两京及内外文武职官，府部以下，知府以上的姓名、籍贯、出身资格，造于屏上。名为职官书屏进献明神宗，供其朝夕便览。书屏中三扇为全国疆域图，左六扇列文官职名，右六扇列武官职名，各为浮帖，每十日一换。次日，明神宗降旨称张居正等人进献职官书屏以便周览舆图和考核众官，忠心耿耿，并将职官书屏放在文华殿后以便察览。

张居正改革

张居正像

张居正自逐走高拱出任内阁首辅后，为扭转嘉靖、隆庆以来军政腐败、财政破产、民不聊生、危机严重的局面，以除旧布新，振纲除弊和富国强兵为宗旨，在政治、军事、经济等方面进行一系列的改革。

在整顿吏治方面，张居正认为明中叶以来，“吏治不清，贪官为害”，“吏不恤民，驱民为盗”，因此为政必须“尊主权，课吏职，信赏罚，一号令”，“凡事务实，勿事虚文”，故于万历元年（1573）十一月十八日奏请

明神宗实行章奏考成法。章奏随事考成，一切以事之大小缓急为限，误者抵罪。考成法实施以后，政府各部门的办事效能得到提高，抚、巡的职掌也分清了。张居正还加强对各级官员的考核，做到“月有考，岁有稽”，法必遵行，言必有效，使大小官员不敢玩忽职守，一切政令“虽万里外，朝下而夕奉行”。

在整饬边防方面，张居正重用抗倭名将戚继光镇守蓟门，李成梁镇守辽东，整顿边防，并主张各民族友好相处，支持王崇古的建议，改善同蒙古的关系，封鞑靼俺答为顺义王，在大同等地开设茶马市，与蒙古进行贸易，从而使西北边塞20多年平静安定，北部边患得以解除。

在整顿经济方面，张居正针对官僚地主侵占土地逃避赋役、人民负担加重的情况，提出在全国清丈田地，对各府、州、县的勋戚庄田、职田、屯田、民田一律重新清丈，并任用户部尚书张学颜主持清太田地。丈量土地始于万历六年（1578），结束于万历九年（1581）。结果使全国纳税的土地从弘治年间的400多万顷上升到700多万顷，增加了国家的田赋收入。万历九年（1581），张居正下令在全国广泛推行一条鞭法，“总括一县之赋役，量地计丁，一概征银，官为分解，雇役应付”，这是中国赋役制度史上一次重大的变革，有利于减轻农民的负担和商品经济的发展。同时，张居正还下令裁减驿站及冗员，节省财政开支。

在兴修水利方面，张居正重用治河专家潘季驯治理黄河和淮河，使黄河水不再入淮，大大减少了水灾，保障了农业生产的正常发展。

经过10年的努力，张居正的改革措施多数得到实施并取得显著成效，“海内肃清，四夷詟服，太仓粟可支数年”，“天下宴然”。但却受到官僚大地主的反对和抵制。万历十年（1582）张居正一死，改革也随之终止。

双林寺彩塑塑成

双林寺彩塑是中国明代佛教彩塑，约塑成于明代中叶。

双林寺位于今山西省平遥县城西南6公里桥头村与冀壁村之间。寺内天王殿、释迦殿、菩萨殿、千佛殿、罗汉殿等大小10座殿堂共有彩塑2000余尊。其中有成组的圆雕、浮雕、壁雕及各种装饰性雕塑。彩塑中最大的是天王殿

双林寺彩塑千手观音（山西平遥）

廊下的四大金刚，高约 3 米；最小的如各殿内的壁塑人物，高约 40 厘米；罗汉殿彩塑则与真人等高。

四大金刚的动态和表情夸张，且具有不同性格。四天王像每座高约 2 米，保存较为完整，性格刻画含蓄而各有特点，有很强的写实性。罗汉殿内，中央为观音像，其两侧的 18 身罗汉（14 身坐像，4 身立像）是该寺彩塑的精华。彩塑粉色已经斑剥，面部的高点部位甚至露出泥胎。18 身罗汉的年龄、修养、气质各不相同，他们的脸型、身段、动态直到发型、帽式、服装也都各异。有的高声论道，有的娓娓而谈，有的闭目沉思，有的冷眼凝视，形象有动有静，丰富多样，使殿堂呈现出生动活泼的气氛。衣纹的塑造也极为概括洗练。

潘季驯再度受命治河

万历六年（1578）夏，治黄专家潘季驯再次出任工部侍郎兼右都御史，总理河漕治理黄河。

万历三年（1575），黄河、淮河洪流四溢，经年不治相继决口。万历六年（1578）二月，河漕尚书吴桂芳去世，明神宗采纳张居正的建议，改刑部右侍郎潘季训为工部侍郎兼右都御史总理河漕。

同年六月二十五日，潘季驯上奏《两河经略疏》，提出“塞决口以挽正河”、“复闸坝以防外河”，“创滚水坝以固堤岸”、“止浚海工程以省糜费”、“寝开老黄河之议以仍利涉”等措施，外就治理黄河、淮河下游及运河进行了全面规划。明神宗批准其建议。翌年冬天，潘季驯奏报黄淮两河工程，共花56万多两银，比原计划减少24万两，修筑土堤102000多丈，石堤3000多丈，堵塞决口139处，修建滚水坝4座，开挖河道两条，疏浚运河淤浅11000多丈，栽种护堤柳832000多株。“一岁之间，两河归正，沙刷水深，海口大辟，田庐尽复，流移归业”。此后数年，黄河无大患，漕运也较为畅通。

淮河曾给两岸人民带来深重灾难。图为淮河河头上竖立的“淮源”碑刻。

洪泽湖水库成

洪泽湖水库，位于江苏省洪泽县城西部，是淮河中下游交接处的大型平原水库。

明嘉靖中，今淮阴高堰村附近有一段淮河堤防，叫高家堰（洪泽湖大堤的原名）。明隆庆以前，高家堰曾兼作交通大道。明万历六年（1578），治

河专家潘季训为综合解决黄河、淮河、运河交会地区的水利问题，创修洪泽湖水库，以高家堰为主坝，长 10878 丈（其中 3400 丈建有排桩防浪工），高约 4 米，万历七年七月竣工。自万历八年（1580）十月起，又进行包砌石工防浪墙。明代的高家堰以南 10 多公里处地形较高，而且平坦，离城市较远。潘季训曾利用它作敞式溢洪道，称天然减水坝，沿用了 100 年。此后各代不断改造和加固，现洪泽湖水库由天然湖泊、洪泽湖大堤、三河闸、二河闸和高良涧等组成。它是保护淮河下游 3000 万亩耕地和 2000 万人口的重要防洪屏障，以防洪为主，兼有灌溉、水产、航运、供水和发电等综合效益。

洪泽湖水库承纳淮河上中游 15.8 万平方公里来水。直接入库河道有淮河干流和支流、新汴河、濉河和安河等。

明代修筑的洪泽湖石筑大堤遗址

张居正请毁天下书院

万历七年（1579）正月，大学士张居正对士大夫四处争相讲学十分痛恶，奏请明神宗毁天下书院。

嘉靖、万历年间，各地兴建书院蔚然成风，主要有正学书院、夏初书院、龙津书院等。士大夫们争相在各学院讲学传道，创立学派，并利用讲学之机议论朝政，引起朝廷不满。嘉靖十六年（1537）四月，明世宗曾诏令罢各处私立书院，但令下不力，书院仍繁。万历七年（1579）正月，原常州知府施观盘剥民脂私创书院，获罪革职闲住。对士大夫讲学议政十分不满的张居正借机上疏明神宗，奏请将天下书院一律改成官吏办事处司衙门。明神宗于是在二十二日诏令各地巡按御史和提学官切实查访，将各省所有私建书院都改为诸司衙门，书院所有粮田查归里甲，各地士大夫不得借机集会扰害地方。诏令下达后，各地官府先后毁坏应天等府书院共64处。

辽东六堡建成

万历三年（1575）正月，明政府为进一步健全辽东防御体系，相继建成了孤山、险山、沿江、新安等六边堡，并派孤山、险山两参将镇守。辽东镇是明政府为防御北方蒙古势力侵扰而建立的九边重镇之首，管辖今辽宁大部分地区，是京师的北部屏障。明廷建成辽东六堡，拓展土地共七八百里，控制了抚顺以北、清河（抚顺东南）以南的广大地区，对拱卫京师起着积极的作用。

林凤入吕宋反西班牙

万历三年（1575），活跃于粤闽台一带海上的武装势力首领林凤率水陆军到达吕宋。次年攻克吕宋，自称国王。

林凤生于广东潮州，是明代海上武装势力首领。万历元年（1573），屯兵南澳的钱澳，并北上至台、闽沿海，但为福建总兵胡宇仁所败。翌午率62艘战船和4000多名水陆军，从澎湖出发前往吕宋（今非律宾马尼拉地区）。菲律宾人民和华侨备受西班牙殖民者的压迫，热烈欢迎林凤前来吕宋。林凤率军两次进攻马尼拉，但因寡不敌众失败，退屯傍佳施栏（Pangasinan）。万历三年（1575）九月，林凤督兵攻克吕宋，自称国王。不久遭西班牙军围困，苦战4个月，突围离开吕宋，经过澎湖时受到官军的袭击，仅剩下40多艘船，逃奔潮州继续坚持斗争。

珠算广泛使用

随着明代商业经济的繁荣，珠算术得到广泛使用，逐渐取代了筹算。并先后传到日本、朝鲜、东南亚各国。

珠算是以算盘为工具进行数字计算的一种方法。“珠算”一词，最早见于汉代徐岳撰的《数术记遗》。其中记载：“珠算，控带四时，经纬之才。”但当时的珠算与现今通行的珠算有所不同。元代时，已较多应用

《详解九章算法》（《永乐大典》本）关于贾宪三角的记载

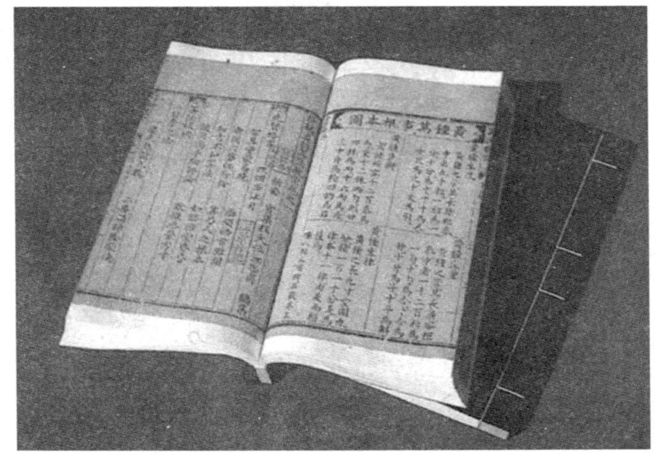
明代流传的珠算教材——《算法统宗》（明抄本）

珠算。元代刘因写的《静修先生文集》中有题为《算盘》的五言绝句；元代画家王振鹏《乾坤一担图》中有一算盘图；元末陶宗仪《南村辍耕录》中有“算盘珠”比喻；元曲中也提到了“算盘”。

明代，珠算极为盛行。明洪武四年（1371）新刻的《魁本对相四言杂字》是现存最早载有算盘图的书；徐心鲁订正的《盘珠算法》（1573）是现存最早的珠算书。而明程大位编的《直指算法统宗》则是历史上起作用最大、流行最广的珠算书。

珠算的四则运算，是用一套口诀指导拨珠完成。明代称加减法为“上法”和“退法”，其口诀为珠算所特有，最早见于吴敬《九章算法比类大全》（1450）。乘法所用的“九九”口诀于春秋战国时已在筹算中应用，起源甚早。至于珠算的归除口诀则在元代全部完成。元代杨辉在《乘除通变算宝》中，叙述了“九归”，他在当时流传的四句“古括”上，添注了新的口诀32句，与现今口诀接近；元代朱世杰的《算学启蒙》（1299）载有九归口诀36句，和现今通行的口诀大致相同。

由于珠算不但是一种极简便的计算工具，而且具有独特的教育职能，所以到现在仍盛行不衰，近年在美洲也渐流行。

中国开始使用地雷和水雷 

明朝初年（15世纪初），中国已开始使用地雷。地雷是设置在地下或地面的爆炸性火器，早期的地雷构造比较简单，多为石壳，内装火药，插入引信后密封于地下，加以伪装，当敌接近，引信发火，引爆地雷，后多次改进。万历八年（1580），戚继光曾制“钢轮发火”装置地雷：在一木匣内装钢轮和燧石，用绳卷于钢轮轴上引出，拉动绊绳，匣中的坠石下落，带动钢轮转动，与火石急剧摩擦发火，引爆地雷，从而大大提高地雷发火时机的准确性和可靠性，由于弹体的多样性，点火方式也多样化。地雷10多种，用铁、石、陶或瓷制成，发火装置有触发、绊发、拉发等，布设方式也多样化，有单发地雷也有“子母雷”。

水雷是布设在水中的爆炸武器，内设起炸装置和炸药，同地雷原理一样。明代水雷主要有4种，即水底龙王炮、混江龙、水底雷、即济雷，类似现在的漂雷和沉雷。最早的水雷当属“水底雷”，它是世界上最早的人工操纵机械击发的锚雷，实际上是一种拉发锚雷，将铁壳雷放入密封大木箱内，沉入水中，下用铁锚定位，上用绳索连发火装置拉到岸上，敌船接近，岸上伏兵拉火引爆。水底龙王炮是世界上最早的一种以香作引信的定时爆炸漂雷。用香作引信，点燃香头，香烬火发，进而爆炸。混江龙也是用绳索拉动发火装置等。

预防医学的重大成就——种痘发明

明朝中叶以后，不仅中国传统医学获得了巨大进展，而且在预防医学方面也成绩斐然，这方面的最突出代表就是种痘的发明及在民间的传播。

自从公元2世纪天花传入中国以后，这种波及面广、为害严重、流行史甚长的烈性传染病危及了无数人的生命，晋代医家葛洪的《肘后备急方》对其作了最早的描述。对此疾病的预防和治疗我国古代医家曾进行了不懈探索，并取得了一些成果。而种痘的发明正是这不懈努力的结果。

种痘起源于何时，现在尚无法确定，1884年刊行的《种痘新书》说它是由唐开元年间江南赵氏创制的；1713年朱莼嘏《痘疹定论》说它出现于宋神宗时，发明人为峨嵋山神医，该人曾为丞相王旦的儿子接种人痘预防天花。然而1727年俞茂鲲《痘科金镜赋集解》说种痘出现于明隆庆年间（1567～1572），该文献表明当时宁国府已有很多人接受这一预防天花的方法，

从此这种方法开始在民间广为传播。因而，断定我国的人痘接种术发明于16世纪中叶以前应当毫无疑异。

人痘接种术发明以后，由于诸多原因，未能及时推广，一切都在民间医家之间自发进行，后来才逐渐被儿科医生所掌握。1681年，康熙皇帝认识到这是一种行之有效的预防天花的方法，诏令江西种痘医生朱莼嘏为皇亲国戚和宫廷官员的子孙种痘，取得了良好的效果。清政府借此机会迅速向全国推广，使得无数的人因此受惠。1742年颁布的《医家金鉴》详细记载了人痘接种术。

至于当时种痘方法，据1695年成书的《张氏医通》记载主要有痘衣法和鼻衣法（包括浆苗法、旱苗法、水苗法），在传播过程中其技术不断改进。清末奕梁《种痘心得》介绍的痘种选育方法与现代疫苗的科学原理完全相同。当时种痘技术相当完善，而且成功率很高，据张琰《种痘新书》记载，在种痘的六七千人中，失败者仅二三十人，成功率高达97%。因此，其技术在全国城乡得以迅速推广并传播到国外，1688年俄国就派人来中国学习种痘技术，在传播到土耳其后，由英国驻土耳其公使夫人蒙塔古带回英国推广，从此，在欧、亚、美各洲广泛传播。而1796年，英国人琴纳创造的牛痘预防天花的技术则是直接受中国人痘技术的启发而获得成功的。

人痘接种术不仅是牛痘发明前我国人民预防天花的创造性成就，而且是人工免疫法的先驱，它使世界上无数生灵免遭天花这种烈性传染病的威胁，为世界防疫医学作出了重要贡献。

徐渭作《四声猿》

明代，剧作家、文学家徐渭创作杂剧《四声猿》。

徐渭（1521 ~ 1593），字文长，晚号青藤道士，山阴人。他工书法，善绘画，亦长于诗词戏曲，且多奇计。但终生遭遇坎坷。早年屡试不第，中年为浙闽总督胡宗宪幕僚。后因胡宗宪政场失利，受牵连而一蹶不振，但却不能阻止他文学才能的显露。他反对当时很风行的前后七子的复古主张，认为复古只是“徒窃于人之所尝言”，而应该创新，“出于己之所自得”，他的这些主张一直影响到后来的汤显祖和“公安派”的袁宏道。他在诗歌方面的成就以

徐渭石刻像

《四声猿》插图（明·万历）

七古、七律为代表。七古富有气势，兼带李白的飘逸和李贺的险怪，如《观猎篇》等，而七律则用词简练，如《孙忠烈公挽章》等。

最能体现徐渭文学成就的当属他创作的杂剧《四声猿》。《四声猿》是四部杂剧的总称，包括《狂鼓史渔阳三弄》、《玉禅师翠乡一梦》、《雌木兰替父从军》和《女状元辞凰得凤》，其中《狂鼓史》写的是祢衡被曹操杀害后，在阴间判官的怂恿下，面对曹操的亡魂再次挑战，痛斥曹操一生中的全部罪恶。作者通过祢衡对曹操的问罪方式的痛骂来揭露封建社会奸相的丑恶嘴脸，用词犀利，令人拍案，目的还是要借古讽今，发泄自己心中的不得意。《玉禅师》讲述的是玉通和尚意志不坚定，临安府尹柳宣教稍微一使计，便破了色戒。为报复他人，他来世投胎作了柳氏女儿，不幸又沦为风尘女子，在师兄月明和尚的指点下，重新皈依佛门，揭露了和尚们奉行禁欲主义之虚假，借以宣扬佛教的轮回报应说。《雌木兰》故事来源于乐府诗《木兰诗》，叙述木兰女扮男装，替父从军的故事，只是另外还增添了嫁王郎一段，使故事情节更为完满。《女状元》讲述五代时才女黄崇嘏女扮男装，进京赶考，最后中状元的故事，和《雌木兰》合在一起，从文武两方面对女子的智慧和勇气进行赞扬。

徐渭《菊竹图》轴

徐渭的《四声猿》对以往的杂剧有所突破。以往的杂剧均采用一本四折的形式，而《四声猿》所包含的四剧，长短不一，从一折到五折都有。另外，以往的杂剧基本上属于北曲的范围，而《四声猿》中的《女状元》一剧，全用南曲写成，开创了用南曲写杂剧的先例。他写作的杂剧，不仅是为演出而作，而是带有很浓厚的现实意味，借故事的叙述来反映当时人们反抗压迫，反对封建礼教束缚的强烈愿望。

押租制盛行 

明代中后期，中国农业生产力提高，商品和货币关系有一定的发展，农民向地主交租由实物分成租向实物定额租和货币定额租转化。与此同时，由于土地集中，人口增长，农村两极分化日益严重，农民抗租斗争频繁，地主为了防止佃农欠租，在出租土地时向佃农索取一笔押金作为保证，形成中国封建社会后期一种新的租佃制度——押租制。

押租制规定：凡以田出租，必先取押租银两，其银无息；正租谷照常征收，但有押少租重，押重租轻的情况；起租之日，押租钱照数退还；地主不退押租钱文，不能随便换佃等。这样佃农在交纳押租后，一般照交正租，如果欠租，地主就在押金中扣除；押金没有利息，退佃时归还佃农。如押金数量不大，地主往往借故不归还；但当押金超过一定数额，佃农可减纳正租。押金未退，或押租关系尚未满期，地主不能随意换佃。有些地区佃农还可以将已交纳押金的土地转佃别人。押租多少，随正租轻重、土地肥瘠、人口密度等而有很大区别。愈是人口密集、土地肥沃的地区，押租愈加沉重。押租额常超过正租额，从一二倍至五六倍，甚至七八倍、数十倍。提高押金数量称为加押，越到后来，加押现象愈为普遍。

押租制保证了地主地租的实现，限制了佃农在土地上的移动自由，强化了地主与佃农的租佃关系，因而不利于生产力的进步。

苏州园林大规模兴建 

明代私家花园的建造，比以前各代有长足的发展，尤其明中叶以后，私家园林大规模兴建，形成我国私家园林的全盛时期。苏州兴建园林多达 270 余处，为宇内之冠。

苏州地处江南，山明水秀，气候宜人，自然景色优美，自古为富饶繁华之地。这是苏州园林兴起的自然条件。苏州园林的兴建可上溯到春秋时期，吴王阖闾、夫差就曾建长乐宫、姑苏台、海灵馆、馆娃阁等，这些是富丽的宫苑。其后历代达官贵人，文人墨客也都在此建园，如西晋的顾辟疆园，东晋的虎丘别业，五代吴越国的广陵王金谷园，北宋的五亩园、沧浪亭、乐圃、绿水园，南宋的万卷堂，元代的狮子林等，都非常闻名。这是苏州园林的历史沿革。

拙政园腰门

拙政园中部水池

而进入明代，苏州成为中国著名的丝织业中心，并出现了资本主义萌芽，建园造院之风日盛。凡官吏富商以至一般士民，无不造园，出现了大规模兴建园林的风气和热潮。现存苏州园林中保存较为完整的有70余处，其中明代创建的有拙政园、惠荫园、环秀山庄和留园。

苏州留园中部山池

苏州园林不论面积大小，皆具特色，而且都体现了江南园林所具有的叠石理水、花木种类繁多、布局有法、风格淡雅的特点，每座园林几乎都包括了当时造园手段的精华。其格局大都以山、水、泉、石为骨胳，以花、木、草、树为烘托，以亭、台、楼、榭为连缀，自然要素和人工创造融于一体，并形成各自不同的独特风格。

苏州沧浪亭门前临水建筑

苏州的私家园林著名的有拙政园、留园、艺圃、狮子林和沧浪亭等。其中拙政园、留园、狮子林和沧浪亭号称苏州四大名园。

艺圃位于苏州市区内，明代始建，明末改称艺圃，迄今仍保持明代风格。全园面积不大，布局以水面为中心，池周布置建筑、山石、花木。南部以山景为主，池北以水榭为主，除环绕水池的主体风景外，还分出若干小的风景区，增加景观层次变化，西南隅自月洞门入，自成一区，幽静素雅，整座园林自然开朗，颇具山林之趣。

拙政园位于苏州市娄门内东北侧，明正德八年（1513）前后，由王献臣创建，其取晋潘岳《闲居赋》之“拙者之为政”为园名。现园基本为清末规模，经修复扩建，面积约 62 亩，分为东区、中区、西区，亦即原“归田园居”，“拙政园”、“补园”三部分。1961 年被定为国家重点文物保护单位。

留园位于苏州市阊门外，原属明嘉靖时太仆寺卿徐时泰的东园，清嘉庆时刘恕改建，并改名寒碧山庄，俗称刘园，占地约 30 亩。太平天国时苏州诸园多毁于战火，唯此园独存，清光绪初年易主，改名留园。现园经过修整，大致分为中区、东区、北区、西区四区。1961 年被定为国家重点文物保护单位。

狮子林为元末至正年间所建；沧浪亭为五代吴越国王公贵族别墅，北宋苏舜钦改为沧浪亭。此外，还有怡园、网狮园、畅园、壶园等。

作为中国古典园林中最具代表性的一批杰作，苏州园林在中国古典园林建筑史上占有重要地位。

何心隐敢于掀翻天地

何心隐（1517 ~ 1579），原名梁汝之，字夫山，江西吉州永丰人。明代学者，泰州学派代表人之一，著作为《爨桐集》。

何心隐从王艮“天地万物一体”出发，发展王艮思想，认为天下之人，人与人之间均为师友关系，均应互敬互爱，这才是仁义，从而否定封建三纲五常的道德伦理。人无贵贱之分，士农工商，均可成为圣贤。士农工商要成为社会主人，必须自己去争取。这一思想反映了明中叶后资本主义萌芽，工商阶级要求提高社会地位，保护其权益的愿望，具有早期启蒙思想色彩。

何心隐一反理学家视“人欲”为罪恶的看法，提出寡欲，并创造“育欲”的新命题。他认为声色臭味安逸之欲，是人性的自然，应该“尽天之性”而“有所发”，但亦应适中，有所节制，即寡欲。进而认为君主、圣贤亦应同百姓一样同欲，以形成老少安怀的和谐局面，这就是育欲的结果。他还认为君主要做到“广其居以覆天下之居”，“正其路以达天下之路”才是仁，否则就是“弃天弃道”，人们就可以更换君主。与此相联系的，为了使天下归于仁，反对互相残杀，也不赞成革命，而提倡以仁率教，“易天而不革天，易地而不革地”才为“学之至”，“师其至”，才为“至善”的思想，反映了何心隐思想中的保守调和色彩。

陕西扶风法门寺塔，修建于万历七年（1579）。

何心隐还从“万物一体之仁”出发，设计了个人与家和国融合一体的理想社会模式。即以一宗、一族为单位组成“会”，凡工商农工的家产藏之于会，会中钱财通用，平等互助，以达到家家富足，人人安乐。他自己所创聚和堂，就是这种空想社会模式的实验，反映他反封建纲常，向往平等社会的思想。

何心隐提倡人人平等而传道讲学，身体力行，实验其理想社会，乃至公开反对封建专制的禁毁书院，号召“易天”，并反对名教和传统理学，其学说极富战斗性。万历七年（1579）八月十一日，何心隐以“妖道罪”被张居正逮捕，杖死于狱中。

炼丹持续进行

明代，炼丹技术在前人研究成果的基础上，设备和方法都有极大改进，工艺水平不断提高，炼丹活动持续进行。

丹药大致为两种，一是氧化汞，一是铅的化合物。炼制氧化汞的前提条

件是提取纯净的汞，我国炼汞技术到宋代已开始由未济炉式（上火下凝式）向蒸馏法过渡，在明代记录炼丹成果的主要典籍《墨娥小录》中，已介绍了一种新的“抽汞法”。这是现存最早的有关蒸馏法升炼水银的文献记录，它操作简单，产出率高，适于大规模生产，据宋应星《天工开物》记载，采用这种方法，每炉可用朱砂30斤。

明代练丹炉

从汉代开始，炼丹家即已通过在空气中对水银进行低温焙烧或在密闭的土釜中加热水银与铅丹的混合物以制成氧化汞。明代发明了升炼粉霜的“盐硝矾法”配方，按陈实功《外科正宗》（1617）记录的配方，可制得纯净的氧化汞。除此之外，在制造汞的氯化物方面也取得了很大进步。汞的氯化物有两种，即氯化亚汞（Hg_2Cl_2），俗称甘粉或轻粉；氯化汞（Hg_2Cl_2），俗称升汞或粉霜。明代邝璠《便民图纂》记载了一种以明矾、白盐、水银为原料烧制轻粉的方法，精简而合理，至今仍在中医上应用。而《墨娥小录》记录的两种粉霜的方法：盐硝矾法和成霜法，都较前代有较大改进。

明代十二生肖药瓶（部分）

在炼制铅及其化合物时，明代炼丹家的工艺水平也有重大突破，陆容《菽园杂记》和李时珍《本草纲目》对此都有详细的记载，他们将硝石和矾石合用，能起到强烈的氧化作用，是制铅丹方法的一次巨大进步。

明代炼丹术的持续发展和工艺水平的进步，对后代中医药学、金属冶炼等都产生了较为直接的影响。

新型农业经营体制出现

明朝中后期，由于农业开始商业化，经营品种呈多样化，农业经营方式也随之发生变化，地主不再满足于出租土地，而是雇佣农民为自己经营，并定期发给劳动报酬。

明朝中后期地主雇佣农民进行经营的事例在史料中有详细的记载，如潘允端的《玉华堂日记》就对他自己所经营的一二千亩土地作了较详细的说明。他雇佣了大量农民，在他的土地上种植稻、麦、棉花等农作物和各种经济作物，而给予被雇佣农民的报酬则是“工本”和“工银”等货币工资。

在地主雇佣农民进行农业生产的情况下，他们也开始考虑到如何在有限的土地上进行合理经营，以获取较大的经济效益等问题。为了解决这些问题，他们往往对自己所拥有的土地作出很精密的生产安排，据《沈氏农书》所载，邬行素死后，家中还有 5 口人，10 亩田，1 方水池，数间房屋，为充分利用这些家产，沈氏为它们作出的规划是：种果 2 亩，包括桃、李、桔、枣等等；种桑 3 亩，桑下面又可种菜、豆、芋等；种豆 3 亩，豆子收获之后则种麦和麻；还剩下 2 亩则用来种竹。1 方水池用于养鱼，池中淤泥又可用于给土地施肥。这一规划将时间长获利慢和时间短获利快的作物进行合理搭配，用有限的土地资源来获取最大的经济效益。

随着明朝末年商品性农业的发展，又有一种更新的农业经营方式出现了，那就是先向地主租佃土地，再雇佣农民进行生产的“佃富农经济”，如“寮主”和“山主”的出现就是其中一个很典型的例子。“山主”是山地的所有者，相当于前面的地主，“寮主”则是一些外来的富裕人口，他们从山主手中租佃山地，再雇佣生活毫无着落的“箐民”为他们进行生产经营，从经营所得和付给山主的租金及付给箐民的报酬的差额中获取经济效益，这也可以看作是农业资本主义的萌芽。

新型农业经营体制的出现，改变了以往单一的租佃经营体制，是生产力

向前发展的一个表现。

李时珍《本草纲目》集本草学大成 20

医药学著作的大量编撰是明代医药学空前发展的显著标志之一。万历六年（1578），杰出医药学家李时珍编成集本草学之大成的《本草纲目》，代表了这一时期中药学的最高成就，极大地丰富了中国乃至世界的医药学宝库。

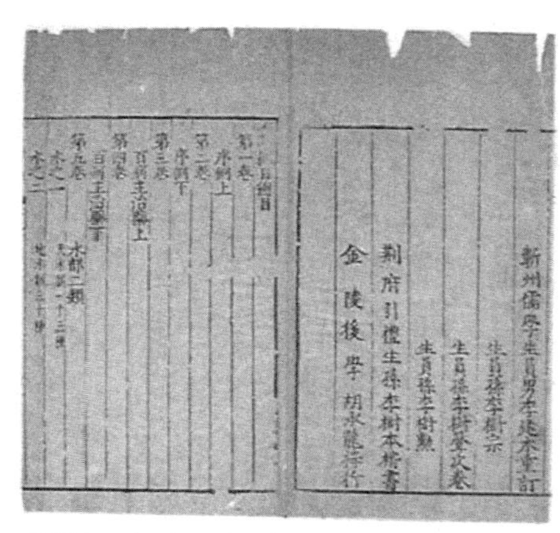

蕲州儒學生員男李建木重訂
生員孫李樹宗
生員孫李樹聲次卷
生員孫李樹勲
荆府引禮生孫李樹本楷書
金陵後學 胡承龍梓行

第一卷 序例上
第二卷 序例下
第三卷 百病主治藥上
第四卷 百病主治藥下
第五卷 水部二類

万历十八年（1590）刊行的《本草纲目》书影

李时珍（1518 ~ 1593），字东璧，号濒湖，晚号濒湖山人，湖北蕲州（今湖北蕲春）人，出生于医学世家，其父李言闻曾撰《四珍发明》等书，担任过太医院吏目。在家庭环境的熏陶下，李时珍自幼喜爱医药。但其父却希望他能科举出仕，14 岁（1513）那年，他考中秀才，17 岁后连续三次乡试未中，并因此积劳成疾，20 岁从武昌乡试回家，重病一个多月。这成了他人生道路

湖北蕲州元妙观，是李时珍著书处

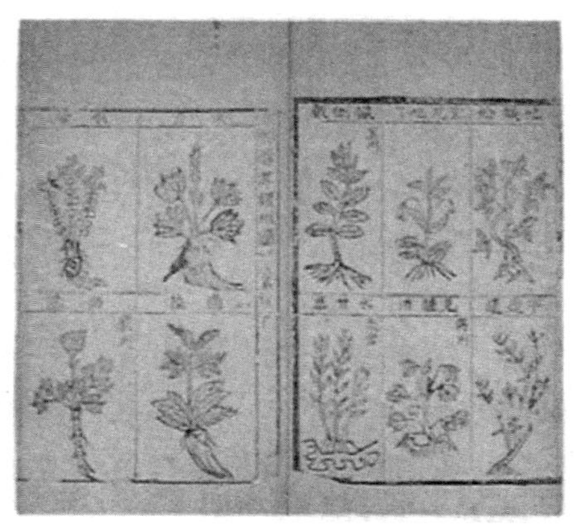

金陵版《本草纲目》药物图谱

上的一大转机。从此，他积十年之久，足不出户，潜心研读经、史、子、集、传、声韵、农圃、医卜、星相、乐府等著作，于学无不涉猎，尤其喜读医学著作，这些都为他从事医药研究和著书立说打下了坚实的理论基础。

雕塑：李时珍采药

除了从典籍中学习以外，李时珍还特别注重实践经验的总结和积累，《濒湖医案》一书正是他总结医疗实践的产物。而且他博采众长，不断向民间人士请教，搜集了大量简单有效的单方、验方，编成《濒湖集简方》。

从他 34 岁那年开始，李时珍即着手编纂《本草纲目》，经过长达 27 年的艰苦努力，在宋代唐慎微《经史证类备急本草》基础上，参阅了 800 多种文献资料，经过三次大的修改，于万历六年（1578）他 60 岁时完成了这部具有划时代意义的药物学巨著，成为我国药学史上的一个重要里程碑。

《本草纲目》共 52 卷，卷一、二概述了本草历史和药性理论；卷三、四以药原为张目罗列了各种草药的主治病，比前代以病名为纲的做法前进了一大步；其余 48 卷，按水、火、土、金石、草、谷、菜、果、木、服器、虫、鳞、介、禽、兽、人等将 1892 种药物分为 16 部，各列若干类展开论述，例如草部又分为山草、芳草、隰草、毒草、蔓草、水草、石草、苔、杂草、有名未用等 60 类，每种药标正名为纲，纲下列目，纲目清晰，并对各种药进行释名、集解、辨疑、解说其修治（炮炙）、气味、主治、发明及附方，内容极为丰富，包含了动、植、矿物等各方面的内容，可谓关于自然知识的博物学著作。

该书附药物图 1109 幅，方剂 11096 首，其中 8000 多首是李时珍自己收集和拟定的。在对 16 世纪以前我国药物学成就作了全面总结以后，增收了宋以后出现的 374 种药物，如三七、番红花、曼陀罗花、土茯苓等都被后世广

泛使用，通过对一些药物基原、性能的研究辨析，在实际考察和对文献进行考据的基础上，纠正了以前本草学著作的一些错误，尤其是批驳了服食水银、雄黄成仙的说法，用比较先进的方法对药物进行分类，以取代沿续1400多年的三品分类体系，以纲目为构架将各种药物分类编排，成为一部独创体例的药物学著作，从而全面系统地展示了药学体系和内容。《本草纲目》还包含了各种药物的药性药效、药物栽培、炮炙制剂及其在各种病症治疗方面的应用等多方面的内容。

除了药学以外，李时珍对医学也有重要贡献，其中尤值一提的是其人体解剖学成就。《本草纲目》是我国医学史上首次独创性地提出脑为全身主宰这一说法的著作，从而冲破了心是人体中心的传统说法。保存于《本草纲目》中的单方、验方是李时珍挖掘民间医药宝藏的结果，许多为后代医家所习用，其中抗衰老药物就有近400种，健身长寿的方剂有550首之多，包括膏、丹、丸、散、酒、粥、服食、外用擦洗等剂型和用法，记载了有关长寿、轻身、却病、容颜等案例数十则。在社会日益老年化的今天，挖掘这一医药宝藏将具有重要的现实意义。

作为一部包含了丰富自然科学知识的博物学名著，其内容涉及植物学、动物学、矿物学、地质学、化学、物理学以及天文学、气象学和物候学等许多科学领域。在植物学方面，李时珍《本草纲目》通过对1094种植物的根、茎、叶、花、果的特点及其性味、外形、皮核以及生长习性、生长过程、生长环境与人类生活的关系等各种因素进行分析、归纳、比较，得出了比较符合科学的结论。而书中对444种动物药按虫、鳞、禽、兽、人等6部进行的分类，基本和现代动物学的分类系统完全一致，同时也蕴含了生动进化论的思想，其对动物为适应生活环境而改变生存方式的研究以及动物遗传与相关变异现象的描述，都具有重要的科学价值。《本草纲目》共记载矿物药265种，以钠、钾、钙等19种单体元素及其化合物为准则分类编排，并详细介绍了每种物质的来源、鉴别和化学性质，记载了蒸馏、蒸发、升华、重结晶、风化、沉淀、干燥、烧灼、倾泻等各种制药化学方面的反应方法。而以五倍子制备没食子酸的最早记录即保存于《本草纲目》中。

长达十年的潜心研究为李时珍的著述在史学、哲学、文字学、训诂学等方面奠定了深厚的墓础，长期的医疗实践以及其跋山涉水，躬身民间虚心学习的严谨态度，无疑是《本草纲目》取得独创性、科学性成就的至关重要的原因。他实地考察了湖广、河北、河南、江西、安徽、江苏等省，深入林区、矿井、莱畦，向农夫、渔民、猎人、车夫等虚心求教。加之他对此前医药学成就的批判性总结，使《本草纲目》不仅集本草学之大成，而且最终成为一部中国古代科学的巨著，成就涉及药物、医学和几乎所有的自然科学领域。

螺钿工艺繁荣

明代螺钿工艺比较流行，其中薄螺钿有较大的发展，可以说发展到了顶峰。

描金楼阁人物图皮胎黑漆箱

螺钿是一种手工艺品，用螺蛳壳或贝壳镶嵌在漆器，硬木家具或雕镂器物的表面，做成有天然彩色光泽的花纹、图形。明代时，厚螺钿与薄螺钿同时流行，前者往往施之于大件家具，如床榻桌椅，乃至箱笼框架。如明代奸臣严嵩父子家产被抄时，其中就有嵌螺钿大八步床、有架凉床、梳背藤床等。据传世实物，嵌厚螺钿家具以黑漆为多，虽不甚精细，但粗犷醒目，宜远观不宜近玩。

“江千里式”去龙纹嵌螺细长方形黑漆盒

明代薄螺钿比厚螺钿有较大的发展，纤细精工，达到了惊人的程度。黄成对它的评价是“百般文图，点、抹、钩、条，总以精细密致如画为妙”。当

时知道如何区分不同颜色的闪光，裁切成不同大小形态的嵌材，巧妙地加以运用，来取得工笔画的效果。如果再加上金银片屑的配合使用，将使它更为熠熠生辉。到 17 世纪，薄螺钿漆器可谓发展到顶峰。

明代螺钿工艺繁荣还表现在当时出现一位“名闻朝野，信今传后无疑”的嵌钿巨匠江千里。

江千里，号秋水，扬州人。他的作品，曾风靡当世。后人评江千里的螺钿器“花纹工精如发，并督童年人学之”。由此可见江千里还开设了作坊，故能生产出大量的杯盘。

“千里”款嵌螺钿锡台黑漆执壶

园林仕女图嵌螺钿黑漆屏风（局部）

云龙纹嵌螺钿长方形黑漆盒可视为江千里的标准器。盖面用闪红光螺钿嵌隶书铭文五行。盖壁及盒壁上下通景，四面各嵌一龙，两横面势欲腾空，两纵面势欲山水。凡须鬣、海水、卷云等处细线，均用螺钿嵌成，圆宛自如。龙睛及鳞，遍镶金点，海水浪花，用银填嵌。制作之精，超过一般嵌有“千里”款的杯盘。盖内有篆文方印“江千里式”四字。“式”有示范之意，说明江千里铭心之作。

黄成著《髹饰录》

黄成，号大成，安徽新安人，是明隆庆（1567 ~ 1572）前后的一位漆艺大师。他擅长雕漆剔红，所刻山水人物、花果飞禽，刀法圆润，与北京果园厂前期风格一致。

花卉纹百宝嵌委角方形黑漆笔筒

黄成总结了前人和自己的经验，继承和发扬了我国髹漆工艺，写成了中国古代唯一现存的一本漆艺专著——《髹饰录》。由于作者有丰富的实践经验，所以《髹饰录》能从实际出发，论述详实，堪称漆艺经典。《髹饰录》在明天启五年（1625）经另一位名漆工嘉兴西塘的杨明为之撰写了序言并逐条作注，使此书内容更加丰富。

《髹饰录》分乾、坤两集，共 18 章，186 条，全面叙述了有关髹漆的各个方面。全书内容可分两个部分，第一部分包括：乾集序、第一章利用、第二章楷法、第十七章质法、第十八章尚古，讲漆艺制造方法，谈到原料、工具、设备、制造过程、修补、仿古及常出现的弊病等。第二部分包括：坤集序、第三章到第十六章，讲漆器分类、品种及各种装饰手法。以下是《髹饰录》对漆器的分类：

1. 质色：各种一色漆器。2. 纹䰉表面有不平细纹的各种漆器。3. 罩明：在各色漆地上罩透明漆的各种漆器。4. 描饰：用漆或油描绘花纹的各种漆器。5. 填嵌：包括填漆、嵌螺钿、嵌金银等各种漆器。6. 阳识：用漆堆出花纹的各种漆器。7. 堆起：用漆灰堆出花纹，上面再加雕琢、描绘的各种漆器。8. 雕镂：包括剔红、剔黄、剔绿、剔黑、剔彩、剔犀、假雕漆、雕螺钿、款彩等各种施加雕刻的漆器。9. 戗划：各种施加刻画花纹，纹内填金、填银或填色的漆器。10. 斒斓：两种或两种以上纹饰相结合的各种漆器。11. 复饰：某种漆地与一种或多种纹饰相结合的各种漆器。12. 纹间：填嵌门中的某种做法与戗划门中的某种做法相结合的各种漆器。13. 裹衣：在胎骨上裹贴皮革、罗、纸的各种漆器。14. 单素：一髹而成的各种简易做法的漆器。

黄成主张名称要如实地道出漆器的用法和做法，因为只有名实相符，才好让人知道如何去制造。不过正是因为《髹饰录》贯彻了上述宗旨，所讲到的漆器有的实物甚多，是常见的品种；有的实物却很少，是稀有品种，甚至多年访求，仍未遇到。有的漆器名称也过冗长，和当时习惯使用的也不一致，后人若不作一番研究探索，更不知其所言为何物。虽然如此，仍不能低估此书的价值。

此书的价值首先在于作者全面地介绍了中国丰富多彩的漆艺品种及其历史，使我们对中国古代，尤其是唐宋漆艺有所了解，以弥补文献和考古资料之不足。其次是作者详实地介绍了中国古代各种漆艺的装饰手法，手法多达14类、130多种，为后人进行漆艺创作开辟了广阔的道路。

江苏淮安吴承恩故居

吴承恩写成《西游记》

吴承恩（约1500 ~ 约1582），明代小说家，字汝忠，号射阳山人。祖籍江苏涟水，后居淮安山阳（今江苏淮安）。出身于一个“两世相继为学官”，而后没落

为商人的家庭。其父虽经商为业，却博览群书，且关心时政，富有正义感，对吴承恩的思想有着直接的影响。吴承恩年少时聪慧过人，以其文名扬乡里。然而屡试不第，中年始补岁贡生。迫于家境，做过短时期的长兴县丞、荆府纪善之职。长期以卖文为生，清贫度日，晚年于乡里贫老而终。

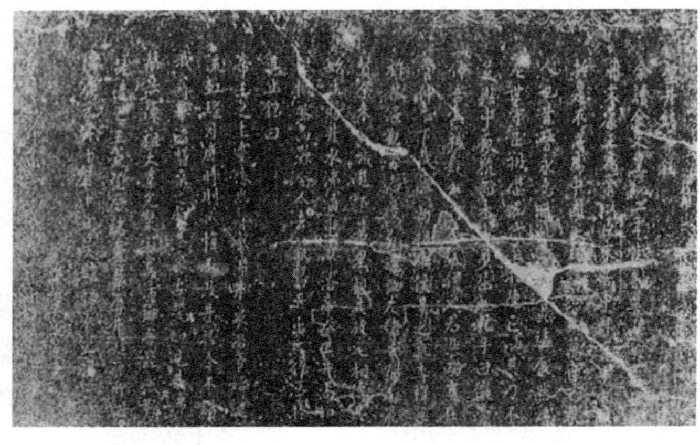

吴承恩《圣井铭碑》

《西游记》木刻雕版

吴承恩一生创作的诗、词、文不少，可惜大多已不存。后经人遍索遗稿，汇编为《射阳先生存稿》4卷。他酷爱野史奇闻，曾仿唐传奇而作《禹鼎志》，是一部有鉴戒意味的短篇志怪小说。他一生中最著名最有影响的是他的长篇神话小说《西游记》。

《西游记》是明代小说中的“四大奇书”之一，是吴承恩在历代民间传说、说话艺人和无名作者创作的基础上加工改造，融入自己对现实生活的感受而创作出的极具现实意义的古典长篇神话小说。它的成书，经历了700多年漫长的演变过程。作为小说主体线索的唐僧取经之事，是根据唐代贞观年间和尚玄奘（602 ~ 664）独自赴天竺（今印度）取经一事演化而来。玄奘远道取经实所不易，途中种种异闻奇遇，难免带有传奇色彩。他口述成书《大

唐西域记》，后其弟子依此撰《大唐大慈恩寺三藏法师传》，已具神话色彩，流传开去，便愈传愈奇。宋代时取经故事已是说话艺人的重要题材，话本《大唐三藏取经诗话》已初具《西游记》一书的故事轮廓，主角唐僧已由神通广大可降妖服怪的猴行者取代，是小说中孙悟空的雏型。而深沙神即为沙和尚之前身。元代出现的《西游记平话》有了黑猪精猪八戒，主要情节与小说《西游记》极接近，可能吴承恩是以其作为底本再创作的。孙悟空的形象也经历了漫长的演化融合过程。吴承恩家乡流传的被镇锁在淮阴龟山脚下那个神通广大的猴精无支祁，显然是孙悟空形象组成的素材之一。

由于作者艺术的再创造，赋予了小说积极的浪漫主义情调，丰富了现实生活内容，使小说具有了鲜明的民主倾向和时代精神。从孙悟空这一形象上可以看出人们反对专制、战胜邪恶、征服自然的极大愿望。

《西游记》的艺术成就极高。它以神性、人性和物性（自然性）三者合一的方式来塑造人物。孙悟空的形象在中国文学史上独具特色，有神的威力

江苏淮安吴承恩墓

却不乏现实社会中人和动物的习性，在古代同类小说中亦极罕见。小说通过丰富大胆的艺术想象，创造了一个绚丽神奇的神话世界，故事情节曲折生动，奇幻精彩，充满了浓厚的艺术魅力。小说的语言是在口语的基础上加工提炼而成，生动而流畅，富于表现力。人物语言个性鲜明，有极强的生活气息，具有幽默诙谐性。在结构上，小说以取经人物的活动为中心，依次展开情节，枝干分明，颇具匠心。

《西游记》成书后即产生极大影响。明代朱鼎臣删节成《唐三藏西游释厄传》10卷、杨致和仿作《西游记传》，明清两代均有各种续、补之作竞相出现。《西游记》中的故事被改编为戏曲演出，如《闹天宫》、《芭蕉扇》、《三打白骨精》等，至今仍受观众喜爱。此外，《西游记》引起了人们对神怪题材的极大兴趣，出现了以神魔相战的形式来写历史事件的小说，如《封神演义》等，但功力均不如《西游记》。

传奇表演多舞蹈

宋元杂剧发展至明代名为传奇，它已突破了杂剧四折一人唱到底的形式限制，角色分行和表演艺术有了进一步发展，整齐紧凑的结构、复杂的情节、细致的人物刻画等，已与近代戏曲十分接近。

传奇中的舞蹈，在吸收、继承宋元杂剧遗制的同时，也有许多新的创造和发展，已经成为传奇表演艺术诸多构成因素中不可缺少的部分。明代张岱在《陶庵梦忆》中记载了西施进入吴宫，向吴王夫差献舞的动人情景：5人中1人独舞扮西施，4人作两对穿插对舞，长袖与绸带舞成环状，绕身旋转飘摇，身姿步态又婀娜又轻柔，还有执各种华美道具和彩灯的集体舞衬托。其场面之繁华使观者为之惊叹。从此中我们可以看出当时传奇中舞蹈场面的完美与精妙。

除了宫廷中的舞蹈场面壮观和华美外，在贵族家庭戏班演出中，舞蹈段落的编排表演也是十分精美的。

明代传奇中的舞蹈具有相当高的水平，不仅继承了古典歌舞的许多优秀成分，而且还从民间舞蹈中吸取大量营养来丰富自己的表现手段，明传奇吸

收民间舞蹈的事实可以从大量的剧目中找到例证。《跳和合》、《跳钟馗》、《跳虎》、《舞鹤》、《哑子背疯》、《跳八戒》、《白猿开路》等民间舞蹈，历史悠久，流传广泛，并一直保存至今，颇为广大群众喜闻乐见。其中《哑子背疯》是一个人们非常熟悉又喜闻乐见的民间舞蹈，由一名演员扮成两个人物，或男或女，或老或少，其装扮方法为一身两用，以男、女为例：舞者上身着女装，腰后装曲膝假体，合成女身；下身着男装，腹前装假头与躯干，合为男体，舞时，舞者的身首动态为女子，并与腰后假女下肢相应，腿脚步伐需男性化，又要与假男上体相协调，酷似背人者与被背者两人在舞蹈。这种舞蹈在湖南、广西及东北各省都有流传。

明传奇在吸收古典舞与民间舞的同时，又大量吸收武术、杂技，应用于各种开打场面。明代传奇演出中已逐渐演变成用道具式的、经过美化、不易伤人的武器来表演。许多杂技和剧情关系不大，但作为戏曲表演也是缺少不得的。

明代传奇演出中，除大量运用舞蹈、武术和杂技手段，或紧或松地与剧情、人物相结合，加强戏曲的艺术感染力及观赏性外，也有戏曲和乐舞同场相间串演的情况。明代在家宴中乐舞与戏曲穿插表演时，规模与演出形式当然会发生很多变化，但这种戏曲与舞蹈串联演出的做法，对戏曲与舞蹈的进一步融合，无疑也起到了一定的推动作用。

《封神演义》成书

《封神演义》是明代长篇小说，成书年代不可确考，一般认为在明穆宗隆庆至明神宗万历之间，作者有许仲琳、陆西星两说，亦难以确断。

“周革商命”的传说，自汉代起即有记载。宋元时民间艺人已演说此事。今存元刊《武王伐纣平话》就是其“话本”。《封神演义》据此而博采传闻，加以虚构，“实不过假商周之争，自写幻想”（见鲁迅《中国小说史略》），把周革商命的故事演绎成100回的长篇神魔小说。

《封神演义》以纣王进香，题诗渎神，于是女娲命三妖惑纣助周为楔子，尽数商周之战的曲折过程，其间神怪迭出，各有匡助。最后以纣王自焚，武王克商，姜子牙祭坛分封，周武王分封列国结束。作品一方面假借历史事件，托古讽今，曲折地反映了社会现实；另一方面通过神魔斗法的描写，宣扬了宿命论和“三教合一”的思想。

《封神演义》发挥了神话传说善于想象夸张的特长，赋予各类人物以奇特的形貌，给人以深刻的印象，如哪吒的三头六臂，雷震子的胁下肉翅，土行孙的土遁、水遁之法。同时赋予人物一定的性格。而情节的安排，也曲折动人。如“哪吒闹海”一节，哪吒的天真顽皮和勇敢狠斗，在一波三折、高潮迭起的情节中表现得生动传神。

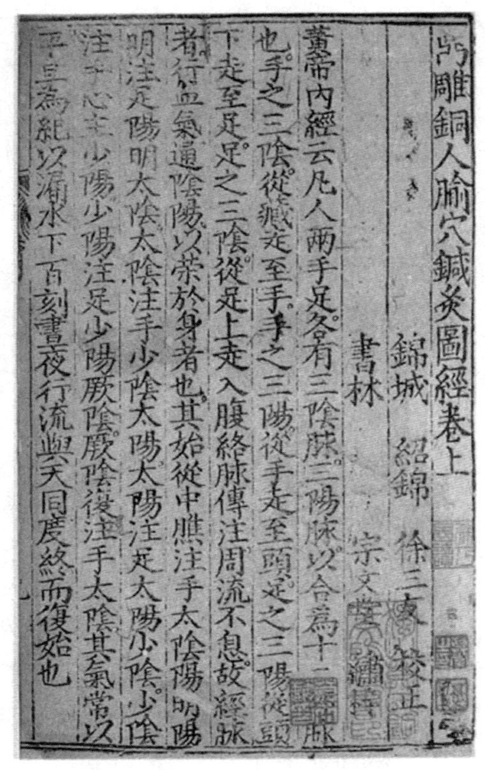
新雕銅人腧穴鍼灸圖經卷上
錦城　紹錦　徐三友　校正
書林　宗文堂　繡梓
黃帝內經云凡人兩手足各有三陰脈三陽脈以合為十二
也手之三陰從藏走至手手之三陽從手走至頭足之三陽從頭
下走至足足之三陰從足上走入腹絡脈傳注周流不息故經脈
者行血氣通陰陽以榮於身者也其始從中焦注手太陰陽明陽
明注足陽明太陰太陰注手少陰太陽太陽注足太陽少陰少陰
注手心主少陽少陽注足少陽厥陰厥陰復注手太陰其氣常以
平旦為紀以漏水下百刻晝夜行流與天同度終而復始也

《铜人腧穴针灸图经》书影（明代书林宗文堂刊本）

《封神演义》由于偏于叙事失于人物内心描写，使其人物性格不够鲜明；而铺叙故事，也有雷同之感；情节发展也不够严谨，所以艺术魅力远不如《西游记》。但明清以来，《封神演义》在民间仍有广泛的流传。

高濂著《遵生八笺》

高濂，字深甫，别号瑞南道人，浙江钱塘（今浙江杭州）人，约明神宗万历初年在世，他幼时体弱多病，眼睛患上了“瞶迹”，于是有“忧生之嗟”，故“癖喜谈医”。后经多方咨访奇方秘药，用以施治，居然少时的病全治好了，于是他对医学产生了很大兴趣，平时注意收集有关医药方面的知识，终于编

成《遵生八笺》，共 19 卷 50 余万字。

全书以养生延寿为主旨，从八个方面（即八笺）论述和介绍了祛病延年之术。

《清修妙论笺》摘录了名方确论 250 余则，或论修身养性之道，或述保精惜气之方，或言永年夭生之理，或明弃私去欲之义。文中列举百“病”以警人，列举百“药”以治病，使人认识养生导引的重要性。

《四时调摄笺》分春、夏、秋、冬 4 卷，根据四时季节的不同变化，详细地阐明和介绍了不同的调养之道，同时辑有《陈希夷二十四气坐功》、《灵剑子导引法》等根据季节进行的气功术以及治疗各种季节痛症的方剂 40 余种。

《却病延年笺》以气功导引为主要内容，有《修养五脏坐功法》、《治百病坐功法》、《八段锦导引法》等，还辑有按摩法，如《太上混元按摩法》、《天竺按摩法》，另有《高子三知延寿论》、《色欲当知所戒论》、《身心当知所损论》等，立论多警策，切近易行。

《饮馔服食笺》把饮馔服食作为养生一个主要内容，作者以“日常养生，务尚淡薄”为宗旨，对饮茶和饮膳各方面的知识进行了介绍，并录入日常保健之药 24 种，服食方剂 40 种。

《燕闲清赏笺》把赏鉴清玩作为养生的一个重要内容，其所涉器物十分广泛，有古铜器等的辨识，有历代碑帖等的赏玩，有葵笺等制法，有各种名香的品评，有花、竹、盆景的诠评及名花栽培和护养。

《灵秘丹药笺》为医药方剂专章，内容为三类：一为作者多方咨访而得，并有征验，属秘传而有奇效的膏丹丸散及药酒 30 余种；二为作者抄录客谈经验奇方 30 余种；三为作者自云当“执之专科”的百余种单方。

《起居安乐笺》由《恬适自足条》、《居室安处条》、《晨昏怡养条》、《溪山逸游条》、《宾朋交接条》等组成，全笺围绕“节嗜欲，慎起居，远祸患，得安乐”这一中心进行讨论。

《尘外假举笺》录入了尘外高隐凡百人，欲求“心无所营，物无容扰”，得以“养寿怡生”。

这本书内容中虽然有许多迷信和不科学的地方，但作者能够全面地看待一切与人体养生有益的内容，并加以阐述，不能不说是一种进步，它也表明，明人对导引养生的认识深化了。

1581 ~ 1590A.D.

明朝

1582A. D. 明万历十年

二月，俺答死，优赙之，其妻子进马谢。张居正死。

十二月，谪太监冯保，籍没金银百余万两。冯保与张居正相结，至是追劾居正者遂起。戚继光以张居正等倚任之，在蓟镇十六年，边防修举，至是改命镇广东。利玛窦来华。

1584A. D. 明万历十二年

三月，江西景德镇烧造内用瓷器至隆庆时年已达十余万件，至是命减之。

1585A. D. 明万历十三年

是岁，努尔哈赤攻并浑河部之界藩、栋嘉、萨尔浒城。

1586A. D. 明万历十四年

是岁，努尔哈赤攻并苏克苏护河之瓜之佳城，浑河部之贝珲城、哲陈部之托摩和城，继乃进攻尼堪外兰，明人执送之，遂杀尼堪外兰，与明和，通贡受封。

1587A. D. 明万历十五年

九月，海瑞死于南京右都御史任，人民因其抑豪强，为之罢市致哀。

1588A. D. 明万历十六年　三月，诏改正景帝实录。

1589A. D. 明万历十七年

正月，刘汝国起事于太湖，称顺天安民王，攻宿松等地。二月，败死。

十月，黄河决口工成。是岁努尔哈赤攻下兆佳城。

1590A. D. 明万历十八年

正月，以大理评事雒于仁谏疏指陈阙失，不欲外人得知，留中不发，自是奏章留中遂成为例。

1582A. D.

教皇格累戈里十三世（1572 ~ 1585）公布其所制之“新历”，以代替当时欧洲通用之“朱理安历”。

1588A. D.

西班牙以 132 艘巨舰（附炮 3165 门）组成之“无畏舰队”进攻英国，自 7 月 21 日至 29 日与英舰大战于海峡，以飓风为英人所乘，损失过半，退回本国。

1590A. D.

日本丰臣秀吉围小田原，北条氏降。秀吉以关东地封德川家康，家康遂入居江户，于是奠定后日江户幕府之基。

琵琶乐兴盛

在明代的器乐独奏艺术中，琵琶由于广泛用于俗曲、说唱和戏曲的伴奏，所以获得了越来越大的社会影响。

自唐宋到明代，琵琶的形制在逐渐变化，主要是品种的增多，明代《三才图会》器用三卷中的琵琶图录，已经有四相十三品，与近代琵琶相近，这种变革主要是由于扩大音域的需要。明代琵琶不但形制较前代有了变化，而且抱持的姿势也渐渐趋向竖立，这种竖立为左手的灵活性提供了更为优越的条件，右手废拨改指弹已经普遍，同时技艺也有了大发展。

明代著名的琵琶艺人有李近楼、张雄、钟山、查鼐和汤应曾等人，他们大体活动在明中叶到明末间。李近楼（？ ~ 1588），名良节，自幼目盲，遂专心琵琶，非常勤奋，他夜卧仍练习按谱不辍，以致把被子抓出洞。李近楼既擅长武曲，也精于文曲，能够在琵琶上表达各种境界，时人称之为“琵琶绝”，是当时“都城八绝”之一。张雄，以琵琶“出人一头地”，擅长演奏元代以来名曲《拿鹅》。钟山善于清弹（独奏）琵琶和三弦，其技艺使慕名来访而又心存疑虑的查鼐折服，遂收为弟子，师徒两人均以琵琶著称。

汤应曾以善弹琵琶被人称为汤琵琶，曾随西王将军幕府到达西北张掖、酒泉、嘉峪关一带，随军为将士演奏，有部将名颜骨打者，每临敌则命令汤应曾演奏“壮士声”，以为鼓舞。汤应曾年老时穷困潦倒，晚年悲苦凄绝以致沦丧。在《汤琵琶传》中记述道，他掌握的琵琶古调有百十余曲，包括《胡笳十八拍》、《塞上》、《洞庭秋思》和《楚汉》等，其中《楚汉》是他最为得意的曲目。通常认为，《楚汉》生动地描写了刘邦项羽之争，从题材上说的确如此，但从艺术反映生活的观点看来，无宁说《楚汉》客观上反映的是明代边塞军事征战的场面。由此我们可以看出，明代琵琶艺术反映生活已达到了比较高的水平。

汤应曾及其同代人的琵琶技艺，代表了明代琵琶艺术的高度成就。清代

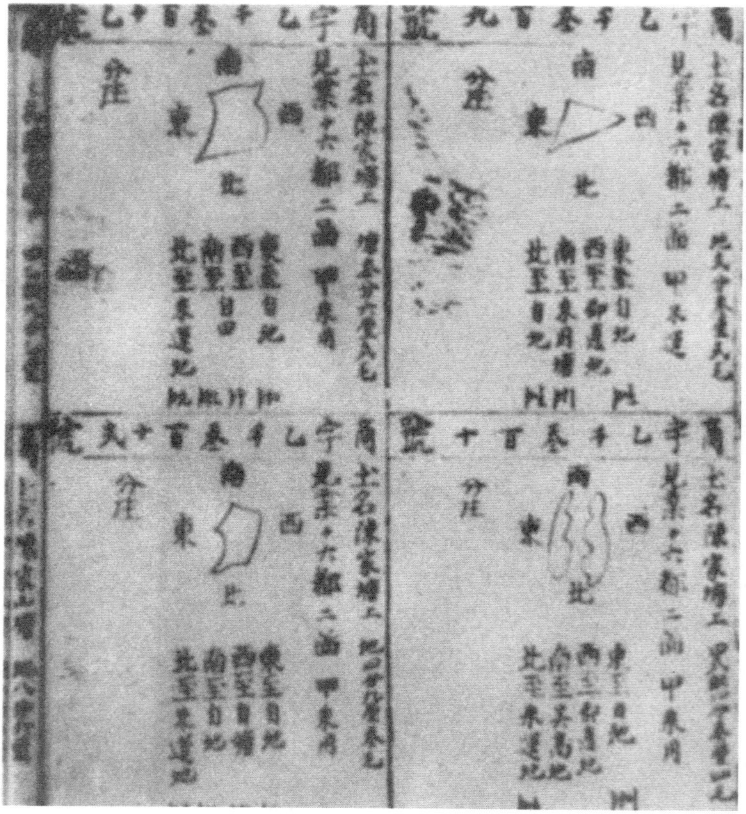

明万历九年（1581）清丈的鱼鳞图册

早期琵琶谱可资印证。

全国推行一条鞭法

万历九年（1581），张居正进行赋税改革，在全国推行一条鞭法，以均平赋役负担，增加财政收入。

一条鞭法的主要内容为以下三项：一、田赋除收实物外，也可以用银两折纳；二、可以以钱代役；三、丁粮由地方官吏直接办理，废除粮长、里长

办理征解赋役之法。

一条鞭法的基本精神是，通计一省丁粮，均派一省徭役，将均徭、里甲与夏秋两税合而为一，摊丁入亩，量地计丁，而后按亩征银。当然，由于各地情况不同，摊派比例也不同，有的以丁为主，田为辅；有的以田为主，丁为辅；有的丁田各居其半。因为是将赋、役等各种条目合并为一条，所以称之为一条鞭法。

实行一条鞭法，简便了赋役手续，是中国赋役制度上的一次重大改革，尽管当时引发许多争论，但实际上徭役可以以钱代役之法，使农民得以离开土地，成为城镇手工业劳动力，并促进货币地租之产生及部分农作物之商品化，是有利于商品经济发展和资本主义生产关系萌芽的。

自一条鞭法实行之后，国库日益充盈，而豪民大户则多对张居正产生不满，并竭力阻挠反对，一条鞭法实施不久即行停止。但是，以钱银代替实物税和劳役的做法却保留了下来。

《骈雅》编成

《骈雅》是明代朱谋玮的“雅学”新作。朱谋玮，字郁仪，明代宗室。他博览群书，著作颇丰，除《骈雅》外，还有《诗故》、《春秋笺》等100多种。

《骈雅》共7卷，约刊行于明万历十五年（1587），此书专门搜罗古书中冷僻深奥的词，并对它们加以诠释，征引范围极广，包括经、史、子、集、小说等各类书籍，并依照《尔雅》体例分章训释。

《骈雅》共分13个门类，即释诂、释训、释名称、释宫、释服食。释器、释天、释地、释草、释木、释虫鱼、释鸟、释兽等。《骈雅》所收的词和作解释的词语都是双音节的，如“録録、鹿鹿、娽娽、陆陆、碌碌，随从也”；“郁悠，思念也；惆怅，悲哀也；憭慄，怆也”等等。但不排除单音词和句子作解释的，如“夷易，平也”；“刍灵，殉偶人也”。

《骈雅》对研究联绵词有一定的作用，但亦有不少缺点。第一，对所收的联绵词不能从语音上去分析，释义往往不够准确；第二，书中收录了一些

《尔雅》、《广雅》中已有的词语，且无新的解释，只是简单的重复；第三，词目的排列也有一些问题。

元明两代经学训诂衰微的时候，《骈雅》在训诂学研究方面作出了一定的贡献。

努尔哈赤崛起

万历十一年（1583），年仅 25 岁的努尔哈赤，凭其先祖所遗 13 副盔甲，起兵征讨尼堪外兰，开始了他统一女真各部的征程。

努尔哈赤（1559 ~ 1626），姓爱新觉罗，其先祖猛哥帖木耳自明永乐十年（1412）受明册封为建州左卫指挥，世代是受明封爵的地方官。原先女真

满族家庭祭奉的祖宗形象

各部一直不和，图伦部的尼堪外兰，勾结明军，谋害了努尔哈赤的祖父觉昌安和父亲塔克世。努尔哈赤集合残部数百人，征讨尼堪外兰，一举攻克图伦城，获兵百人，盔甲 30 副。尼堪外兰逃奔鄂勒珲城，明廷遂任努尔哈赤为指挥使。

努尔哈赤继续东征西讨。次年（1584）九月，攻取董鄂部的翁鄂洛城；万历十三年（1585），攻取浑河部的界凡等城；十四年（1586）攻并苏克苏护河部的瓜之佳城、浑河部的贝珲城、哲陈部的托摩和城，继又进攻尼堪外兰于鄂勒珲城，尼堪外兰逃往抚顺请求明军保护，明军抓住他送给努尔哈赤。努尔哈赤遂与明讲和，通贡受封。

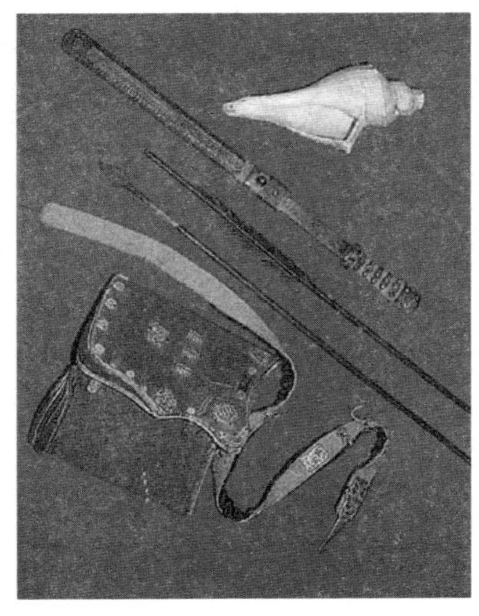

满族先民使用过的狩猎器具

清王朝发源地——今辽宁抚顺。万历十五年（1587）努尔哈赤在此地筑费阿拉城进而统一清都。

万历十六年（1588），努尔哈赤灭完颜部，至此他正式统一了建州五部，力量迅速壮大。女真人自古以来熟习弓马，骁勇善战，当时就有“女真不满万，满万不可敌”的谚语，努尔哈赤又是自成吉思汗以来难得一见的军事天才，由此开始，他率领的铁骑奔驰于北陲大漠，南疆高原，扩土万里，为清代建立中国历史上疆域最大的大帝国奠定了基础。

家伎舞蹈延续

家伎舞蹈是介乎宫廷舞蹈和民间舞蹈之间的一种舞蹈，两汉魏晋南北朝，及至唐宋之间，贵族士大夫私养家伎风气很盛，许多家伎都是能歌善舞的艺人。随着戏曲艺术的兴起和纯舞的逐渐凋零，元明以来，家伎娱客也多演戏曲，但这些家庭艺伎的组成及表演内容，并非严格意义上的戏班，所以家伎舞蹈与戏曲表演常穿插或组合进行，纯舞和单纯的乐舞表演虽早不如前代那样繁盛，却仍然占有一席位置。

明人袁宏道《迎春歌》描写热闹的“行春之仪”游行表演队舞时，有“白衣合掌《观音舞》”句。表演此舞时，舞者穿着洁白的衣服，扮成观音大士的样子，额上顶着一个碗，手持两碗，敲打击节而舞，颇具宗教风味。据张岱《陶庵梦忆》说，万历年间，江苏常熟侍御钱岱家，一年四季都要演戏歌舞，每次宴客“撤席后令女乐十人齐舞，且舞且歌，过夜半方散。”

由于家伎中许多是受过严格的舞蹈基本功与技巧训练的，因此他们的舞艺相当高超，有不少家伎舞者名传后世。明末秦淮十大名妓大多数能舞善歌。

明代家伎除女伎以外，还有善于男扮女妆而舞的男伎人，正如沈德符《顾曲杂言·舞名》所说：“今之学舞者……亦男子女装以悦客。”明代这些男性舞伎，腰肢柔韧，腿功灵活，整个身段表演娉婷婀娜，其功力也是十分高超的，这很可能是后世戏曲男演女角之滥觞。

张瀚完成《松窗梦语》

万历十二年（1584）前，张瀚撰成《松窗梦语》，共8卷。

张瀚是历世宗、穆宗、神宗三朝的大臣，嘉靖十四年（1535）中进士，其后约50年间，他任庐州知府、陕西巡抚，总督漕运和两广军备，又任工部尚书、吏部尚书。

万历十年（1582）新安高石山房刊本《目连救母劝善戏文》插图

由于职位的变迁，张瀚足迹遍及甚广，见识亦极渊博，仕宦之余，他将其见闻逐条书录，遂总集成一书，名为《松窗梦语》。书中所载，有任职期间的政举措施，有所到之处的风俗人情，有西北少数民族与明廷的关系状况，有农工商制度及发展状况，有明室宗藩的状况，有诠选制度、漕运制度等各种制度的记述，也有关于四川盐井、油井、火井等的分布记载，更有明代手工业主的发家史，还记有花木培植和马兽驯养的方法。此书是一部很有价值的史料笔记，但后来流传甚少。

海瑞复官·病殁任上

首辅张居正去世以后，朝廷方始起复遭他排挤出朝的官员。万历十三年（1585），已经 72 岁高龄的海瑞，赋闲 l6 年后，又被召为南京右都御史。他作风不改，依然是一行作吏，两袖清风，到万历十五年（1587），病殁任上，身后萧条，别无长物。集金为敛。发丧时，农辍耕、商罢市，号哭相送数百里不绝。后来赐谥“忠介”，民间呼为“海青天”。

海瑞（1514 ~ 1587），自号刚峰，他生性峭直严厉，不肯阿容，又清苦自持，力摧豪强，厚抚穷弱，因而深受百姓拥护，而往往触忤当道。此番复官以前，已经三次丢官，一度入狱。为淳安知县时，以不肯阿附严嵩党羽罢官；为户部主事时，冒死上疏，直斥世宗不视朝政，专意炼丹，又被罢官下狱；神宗即位后，他以右佥都御史巡抚应天十府，摧豪强，平冤狱，均赋役，修水利，推行一条鞭法，百姓称德。但海瑞不肯迎合上官，一贯恃才傲物的宰相张居正也不免暗怀嫉恨，终于把海瑞第三度排挤出朝，海瑞因此罢职闲居 16 年。他复出后不久，便在任上逝世了。

海瑞一生刚直无私，他自言“不畏死，不爱钱，不立党”，洁己爱民，砥节砺行，世所少见，其志节一直为后人景仰。著作辑为《海瑞集》出版。

科场舞弊

科场舞弊，由来已久。自张居正二子连占科名以来，内阁大臣的子弟，不论优劣，一律录取，已成惯例。万历十六年（1588）乡试，大学士王锡爵之子王衡高中第一，另一位阁臣、大学士申时行的女婿李鸿亦中举，更加深了人们的不满。

礼部郎中高桂深信顺天府考场有弊，因摘出中举者中可疑者 8 人，其中

海南岛海口市海瑞墓

也包括王衡，要求加以复试。王锡爵立即上疏反攻高桂，言辞激烈，结果高桂反被夺俸。

刑部云南司主事饶伸，深感不平，遂于万历十七年（1589）二月，上疏弹劾王锡爵、吴时来，痛陈科举之弊，他说：内阁大臣子弟必中，已成惯例，今顺天府主考官认为中举还不足迎合上官，竟把第一名滥与阁臣之子。申时行之子未参加科举，则录取其婿，其他大臣子孙，亦得录取。这些人在复试时，许多竟连文章也不会写，而负责复试的都御史吴时来，却不分优劣，一律通过，实为失职。又说：王锡爵因此攻击高桂，杀气腾腾，殊无大臣之体。吴时来附权蔑法，王锡爵巧护己私，欺君罔上，请一并予以罢免。饶伸的奏疏送上，王锡爵、申时行各自怀惭，俱闭门不出，要求去官。

之后由另一阁臣许国正主持会试，内阁子弟无一人高中。

廷臣党争兴起

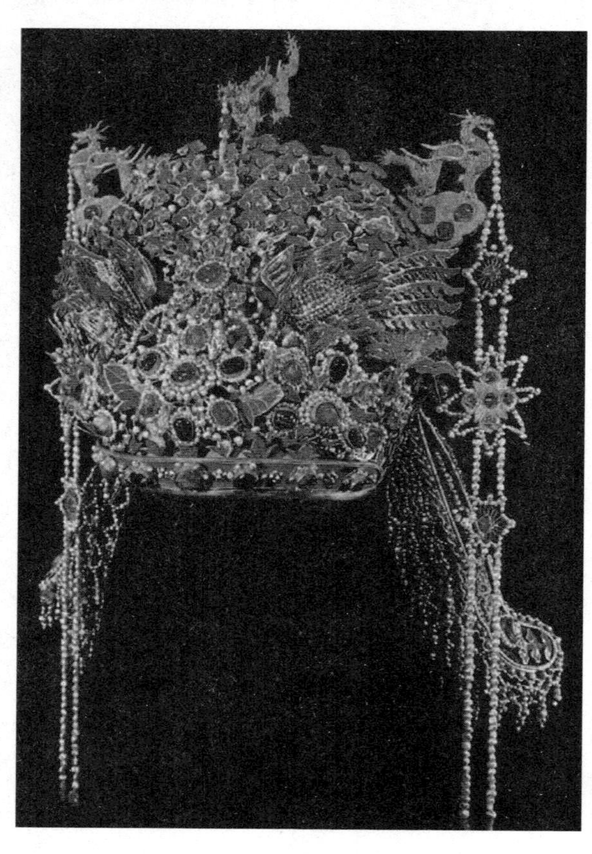
明万孝端皇后凤冠

明臣好争，本已成风。张居正死后，神宗调整朝政，以申时行、许国为首辅，召回了吴中行、赵用贤、沈思孝等言官，但从此阁臣一帜，台官一帜，两派纷争，势成水火，惹出种种争执的弊端。

明朝廷臣的党争，导火索是万历十三年(1585)选大峪山为陵墓地一事。属于阁臣一派的徐学谟，建议用大峪山为造陵墓之地，神宗已经采纳。属于台官派的李植、江东之等人则上奏说大峪山有石，不宜采用，“主张可用，是犯罪”，并把矛头直指首辅申时行，指责他徇私同意学谟所请。申时行奏辩说：“两年前随皇上考察该山，李植、江东之并没说此地有石。今出尔反尔，显然是借此倾害大臣。”神宗同意，于是下旨切责李植、江东之等人，并令夺俸半年。

李植等人不服。他们先是举荐前掌院学士王锡爵入阁，以为可在阁臣一

党中插入自己的人，一方面又继续坚持大峪山寿宫有石。但疏奏既上，没有回音。而王锡爵却与首辅申时行和好，互为倚助，不由令台官派们大失所望。

不仅如此，王锡爵还反戈一击，攻击李植等人阿附邪臣赵用贤，以小不合便随意攻讦大臣，御史韩国桢、给事中陈舆效也交相攻击李植等人。神宗闻奏大怒，顿时李植由太仆少卿贬为户部员外郎，江东之由光禄少卿贬为兵部员外郎，羊可以由尚宝少卿贬为再理评事。

当年闰九月，神宗再度亲临大峪山，结果证明大峪山吉利，地无石。回宫之后，进一步将李植三人调为外用。此举却引起台官一派的不满，他们纷纷采取行动大鸣不平。谕德吴中行上书请去，神宗一怒准之。随后赞善赵用贤、光禄少卿沈思孝等也要求谢职归里，却不获准。

赵用贤对阁臣一派尤其是大学士许国力毁李植三人甚感激愤，抗疏说："明党之说，是小人用以去君子，空人国。"党派成见，自此更深。党争的结果也无非两败俱伤，后来许国被罢官，首辅申时行亦被迫辞职，可见一斑。

三娘子受封

万历十五年（1587），蒙古土默特部的女首领三娘子受封为忠顺夫人。三娘子掌权20余年，积极与明政府修好，并努力促进蒙汉两族的经济文化交流。

三娘子原是土默特部首领俺答的外孙女，俺答见她聪明美貌，夺为己妻；俺答死后，其子黄台吉依胡俗又纳三娘子为妻；不久黄台吉去世，三娘子又下嫁其子撦力克。三娘子一生历配三代首领，掌握部族军政大权20余年，诸部无不畏服。而三娘子继承俺答的政策，积极与明朝政府和睦相处，明廷也极器重她，于万历十五年封其夫撦力克嗣为顺义王，特封三娘子为忠顺夫人，以彰其功。

三娘子一生为国守边保境，始终不衰。蒙汉两族最终停止战争，互开贡市，有力地促进了民族经济文化交流。

《少宝山房笔丛》刊行

万历十七年（1589）秋天，胡应麟所撰的《少宝山房笔丛》刊行。

《少宝山房笔丛》全书共48卷，分为经籍令通、丹铅新录、艺林学山、九流绪论、四部正伪、三攻补逸、二酉缀遗、华阳博议、庄岳委谈、玉壶遐览、双树幻钞等12部分。

该书是一部以考据为主的笔记，对明代的政治制度、朝章典故、社会经济、土风民俗以及佛教、道教等方面提供了许多资料线索，对古典小说的传说创作历史也提供了很多有用的史料。

神宗的金冠——我国已知现存唯一的帝王金冠

大理寺臣论神宗“酒色财气”四过

明神宗宠幸郑贵妃，留连西宫，沉湎酒色，不仅罢去日讲，而且常常过时不朝，还谎称圣体违和，甚至连郊祀庙享这些重大礼仪，也不愿亲行，而遣官员代理。

大理寺评事雒于仁于是在万历十七年（1589）岁末献酒色财气《四箴》，直攻帝失，大意说：臣居官年余，仅见过皇上三面。盛传皇上圣体违和，臣知病因所在：昼夜长饮，病在嗜酒；宠信十阉，溺郑贵妃，病在恋色；掠问宦官，括取币帛，病在贪财；罪状未明，怀怨杀人，病在尚气。又说：酒腐肠，

色伐性，财丧志，气戕生，所以皇上之病，药物难治。

神宗览疏大怒，适好当时正值岁暮，留中10日。新年，神宗召集阁臣申时行等，出示雒于仁疏，要置以重刑。申时行婉转劝免，说此事外传，恐怕外人反以为雒于仁所言是实，不如叫他辞职，以示惩戒。神宗勉强答应。数日后，雒于仁削职为民。而奏章留中，成为常例。

六书学再次兴起

运用“六书”分析研究汉字的六书学自汉代许慎后走向衰弱，研究“六书”理论的学者稀少，这方面著作亦少见。经宋代郑樵倡导，明代六书学再次兴起。

明代六书学著作大量出现，有赵㧑谦的《六书本义》、魏校的《六书精蕴》、王应电的《同文备考》、杨慎的《六书索隐》、吴元满的《六书正义》和《六书总要》等。

《六书本义》12卷是明代具代表性的“六书”研究专著。主要是受宋代郑樵的《六书略》和元代戴侗的《六书故》影响。根据事类分篇，共分数位、天文、地理、人物等10类，并将《说文解字》的540部首归并为360部。《六书本义》共收1300个字。每字之下，先用反切注音；其次释字义，有时还引文献作为例证，最后说明其字在“六书”之义，用以探求造字意图。并将假借义附在最后，用“○”与前文隔开。赵㧑谦的释义有许多可取之处，如认为“元”的本义是“头也”，而不同于许慎的“始也”，以及戴侗的“生物之本始也”的解释。此书亦有明显的缺点，即把本义之外的其他意义都看成假借义，将许多引申意义都说成假借义。如“皮”的“肌表肤”义是由“兽皮”引申而来，是不应看成假借。

明代赵宧光的《说文长笺》是研究《说文解字》的巨著，与“六书”研究相联系。《说文长笺》共有“本部”120卷、“述部”24卷、“作部”前46卷后16卷、“体部”18卷、“用部”4卷、“末部”4卷。在分析文字结构、解释文字意义方面，此书有许多可取之处。

传奇广泛流行

传奇就是以唱南曲为主的南戏系统中各腔演出的各种剧种的总称。明代初期，由于朱元璋父子专制统治而受到一定的限制，到明代中叶，特别是嘉靖、万历年间，社会经济有了很大的繁荣，各种工商业如纺织、制瓷等明显发展，人们的娱乐需求迅速膨胀，南戏在这种形势下迅速发展起来。出现了盛极一时的海盐、姚、弋阳、昆山四大声腔，随着南戏的兴盛，传奇得以广泛流传。

传奇的流行首先表现在它的理论成就上，明代后期，何良俊、王世员、徐复祚和凌濛初在前人创作和实践的基础上，对传奇作了理论上的探索，在《闲情偶寄》一书的《词曲部》和《演习部》中，对剧本结构、语言、音乐与表演等方面作了很系统的论述。

明代传奇辉煌的实践成就是理论成就的基础，有一大批剧本问世，有2600多种，其中每一剧本又可分为几种声腔来演唱，其成就按时间基本上可分为两个阶段：明代前期和明代后期。明代前期主要指明洪武到嘉靖年间，即1368 ~ 1521年。这个时期的作品有李日华的《南西厢记》、王济的《连环记》、苏复之的《金印记》，但由于这些作者多为朝廷大官或名门艺学，因此创作的作品就不免带有很浓厚的封建统治阶级的局限性，宣扬的是忠孝节义和功名利禄。如《伍伦全备忠记》通过兄弟俩伍伦全和伍伦备的忠孝故事，极力宣扬封建纲常伦理。明代后期则是指从嘉靖到崇祯年间，即1522 ~ 1644年。这一时期，由于南戏被普遍重视，出现了一大批具有很大影响的作家和作品，汤显祖及他所创作的《牡丹亭》便是一个典型的例子。和明代前期相比，这一时期的作品在内容上有了很大的变化，对社会现实反映较多。首先是对社会黑暗和统治阶级暴虐贪婪的揭露，如《鸣凤记》、《磨忠记》通过对现实生活的描述，鞭挞了专横跋扈的权贵与宦官。其次就是对个性解放的大胆提倡，激烈抨击封建礼教，如上面提到的汤显祖的《牡丹亭》，就是通过青年男女的爱情故事，遣责封建礼教对青年的戕害，宣扬青年妇女为自由幸福的顽强

斗争。

万历年间刻本的《南琵琶记》插图

明代传奇的创作成就除大量剧本的问世外，还表现在舞台艺术的高度发展方面。在音乐方面，四种不同声腔的戏曲各具特色。如昆山腔在发挥南曲流丽悠远、凄婉细腻的基础上，又汲取了北曲激昂慷慨的格调，成为南北曲之大成者。在表演艺术上，昆山腔将南曲的七个脚色发展到十二个脚色，使演员能专心致力于某个脚色的探索和揣摩。在舞台美术上，服装、化妆和脸谱的应用对于人物的塑造和气氛的渲染无疑起到了积极的推动作用。

传奇在明代的繁荣和发展，对于后世的戏曲产生了很深远的影响。

民间传统记谱法工尺谱定型

工尺谱是中国民间传统记谱法之一，因用工尺等字记写唱名而得名。在明清时期定型。

工尺谱有悠久的历史，最初是唐代即已使用的“燕乐半字谱”，经过宋代的俗字谱，如张炎《词源》中所记的谱字、姜夔《白石道人歌曲》的旁谱、陈元靓《事林广记》中的管色指法谱等，至明清时期，发展为通行的工尺谱，广泛用于民间歌曲、器乐曲、曲艺、戏曲等乐种中。

由于流传的时期和地区的不同，其记写方法（包括音高符号、节拍符号、字体形状）、唱名法（可动或固定）以及宫音位置等，亦各有差别。

近代常见的工尺谱，一般用“合、四、一、上、尺、工、凡、六、五、乙”

等字样作为表示音高（同时也是唱名）的基本符号［相当于 sol、la，ai do、re、mi、fa（或升 fa）、sol、Ia、si］。若表示比“乙”更高的音，则在“尺、工”等字的左旁加“亻”号，如“仩、伬、仜、仮、……”等；若表示比“合”更低的音，则在“工、尺”等字的末尾曳尾，如“凡，工，尺，上……”等。工尺谱用“、”或“×、–”或“L、○、●、△”等作为节拍符号，也即板眼符号。

工尺谱通常采用竖行从右至左的格式记写，板眼符号记在工尺字的右边，每句的末尾用空位表示。对一些声乐曲，其工尺谱也有用斜行记写的，称为“簑衣式工尺谱”。工尺谱有“上字调、尺字调、小工调、凡字调、六字调、五字调、乙字调”7 种调号。

分成租制为定额租制取代

明代中后期，随着农业生产力的提高和商品货币关系的发展，分成租制逐渐向定额租制转化，并被定额租制所取代。

分成租制是中国封建社会前期主要的一种租佃制度。其特点是租佃农民按照农田收获量的一定比例向地主交纳地租。如何分成，与由谁提供生产资料以及土地肥瘠、地权集中程度、人口密度有关，以主佃对半均分较为普遍，也有主六佃四、主七佃三、主四佃六或主三佃七，甚至比率更为悬殊的。一般来说，佃农自备耕畜、农具、肥料的，多为主佃对半均分；地主供给肥料、种子，佃户自备耕畜、农具的，佃户要交纳农产品的六七成；地主供给耕畜、农具、肥料、种子，佃户只出劳动力的，主八佃二。人口稀少、土地贫瘠的地区，地租往往占农产品的三四成；人口稠密、土地肥沃的地区，地租往往占农产品的七八成。

在分成租制下，地主为了经营好农田，以便更多地收取地租，往往干预佃农的生产活动，佃农难以充分发挥独立经营的优越性，不利生产力的提高，这样定额租制开始取代分成租制。定额租制的特点是租佃农民按期向地主交纳固定数量的实物地租和货币地租。一般不论年岁丰歉，租额均固定不变，称为硬租或铁板租；也有在歉收年景时由主佃双方协议达成的，称为软租。

定额租租额普遍高于分成制租额，一般占常年农田收获物的60%或70%。在定额租制下，地租数量与农田收获量一般不再发生直接联系，地主对佃农生产活动干预较少，且封建依附关系松弛，佃农可以全面合理地利用时间、劳力、安排生产，并发挥独立经营的积极性，改进生产技术，改良作物品种，合理使用肥料等，有利于生产力的提高。明朝中后期以后，定额租制在地租形态中开始占据统治地位。

《河防一览》总结治河

万历十八年（1590），著名治黄专家潘季驯著成《河防一览》一书。这是明后期治黄通运的代表著作之一。

潘季驯（1521 ~ 1595），字时良，号印川，乌程（今浙江省湖州市）人，嘉靖二十九年（1550）进士。他曾于嘉靖四十四年（1565）、隆庆四年（1570）、万历六年（1578）和万历十六年（1588）4次出任总理河道的职务。《河防一览》等治河著作正是他长达27年治河理论和实践的总结。

《河防一览》共14卷，首卷是皇帝任命谕旨等及《皇陵图说》、《两河

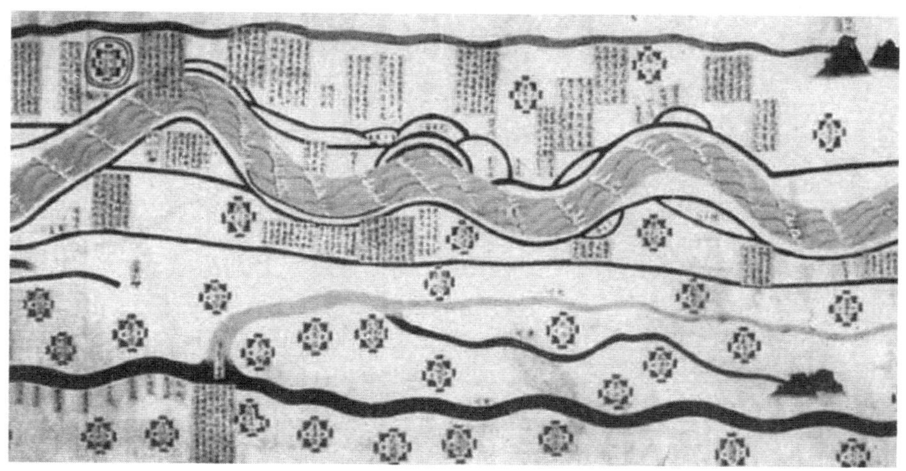

潘季驯《河防一览图》（部分）

全图说》；卷二是《河议辩惑》；卷三是《河防险要》；卷四是《修守事宜》；卷五是《河源河决考》；卷六是前人关于治河奏议和文章选录；卷七至十四主要是作者历年的奏疏。其中《河议辩惑》主要表达了潘季驯的治河理念和观点。他认为治理黄河的关键问题在于正确认识和掌握黄河的水性，有针对性地提出治理方案。在他看来黄河有容易淤积、决堤、迁徙三大特点，大量泥沙造成的淤积则是造成水患的更主要原因，而决非是神的力量所决定的。他分析了黄河含沙量与淤积的关系后说，平常黄河水与沙的比例是4:6，而夏季其比例高达2:8，为了防止大量泥沙在黄河中下游地区淤积而引发河患，他采取借水攻沙，以水治水的方法，改变了传统的分流法，将分流的河口堵塞起来以增大水势和流速，使大量泥沙被水带走而不至于淤积，河床也随之被冲刷变深，水势加急，这种良性循环可以大大减轻疏通河道时排走泥沙的工作量，保障黄河河道的畅通，是解决河患的一种行之有效的办法。万历六年，黄河在崔镇（江苏泗阳县）决口，多处堤防被破坏，淮扬、高邮、宝应一带都被水淹。潘季驯正是循着这条思路，将淮河的清水引入黄河，以增大水势，提高河水的挟沙能力。实践证明，这是一种治理河患的有效方法。为了达到增加水势冲刷淤积泥沙的目的，他着手整理堤防，将堤分为缕堤、月堤、遥堤和格堤4种。靠河岸的缕堤用于束狭河水，以冲刷河床；月堤筑于缕堤内河水冲刷处如河流凹岸，起到保护缕堤的作用；遥堤是缕堤的第二道防线，筑在缕堤外稍远处的低洼地，用以拦截漫过缕堤的洪水；垂直于缕堤和遥堤之间、互相形成格状的格堤，避免了洪水顺遥堤而下，冲出新的河道。有时还在缕堤上修筑减水坝（滚水坝），以泄过大的洪水。这一整套的筑堤和护堤方法，使得堤防相对坚固。另外，筑堤时，他要求采用真土胶泥，夯杵坚实，不得在堤边而需从较远处取土，以防止河水对堤根的冲刷，确保了筑堤的质量。为了加强堤的防护，他还制定了“四防”（昼防、夜防、风防、雨防）、二守（官守、民守）和栽柳、植苇、下埽等严格护堤制度。

《河防一览》是中国古代治河理论的总结，也是世界水利史上较早的治水专著，为治理黄河做出了重要贡献。

明兵学繁荣

明代是中国兵学的一个繁荣时期。当时战争频繁，战争的样式较前代增加，火器已经在战争中普遍运用。为适应新的军事形势，明政府开始重视兵学。在朝廷的推动下，兵学研究和兵书传播在明代盛极一时，形成了学习兵法，研究军事，著述兵书的社会风气。

明代兵学的繁荣，既得益于明廷提倡兵学的政策和制度，也得益于当时社会经济文化的发展和印刷技术的提高。兵学在明代的繁荣，主要表现在两个方面：一是兵学研究者的队伍扩大；二是兵书数量增多，质量提高，内容丰富且有特色。

明朝建国初期就设秘书监丞搜集兵书，朱元璋要求军官子孙讲读兵书，选拔通晓兵法的军事人才。明朝还以《武经七书》为教材，兴办武学，开设武举。所以在当时不仅领兵将帅研习兵法，就连文臣幕僚、文人学者、山野隐士也加入著述兵书的行列，扩大了兵学研究者的队伍。明代统兵将领大多谙熟兵法，他们善读古代兵书，并且进一步阐发古代兵学思想，结合自己作战指挥的经验，著述成书，大大提高了军事理论，涌现了一批善读兵书，作战灵活的将帅，如朱元璋、于谦、戚继光等。明代的文臣幕僚也重视兵学研究，有的还写出一些军事专著，如吕坤为振兴边防，著《安民实务》一书，专讲练兵固防的举措。胡宗宪聘郑若增入府编辑《筹海图编》以抗拒倭寇侵扰。此外，明代学者游士为济时艰，纷纷弃诗从兵，发愤研究注释兵书。还有些山林野客，倾毕生心血于兵书著述，写出了《投笔肤谈》、《草庐经略》等作品，具有较高的兵学价值。明代著名哲学家王守仁投笔从戎，散文家唐顺之编《武编》，文学家茅元仪编著《武备志》。明代还出现《武经七书》的最好注本——《武经七书直解》。明中叶以后，兵学研究走向群体化，出现了一些兵学家群体。俞大猷与其师合著《续武经总要》，戚继光的《纪效新书》、《练兵实纪》代表了明代兵学发展的最高水平。明末还出现了一批与外国传教士合作，研

究、译述西方先进军事技术的兵家群体，产生了中国最早介绍望远镜的专著——《远镜说》。

明代兵书数量大，内容丰富，思想价值也高。据《中国兵书总目》著录，明代兵书有1164部，约占中国古代兵书总数的27.5%，主要有大型综合性与分科专业性两类。大型综合性兵书在明代空前发展，它集治军、训练、阵法、指挥及兵器制造和使用为一体，具有很高的学术价值和实用价值。《登坛必究》、《武备志》是这类兵书的代表。专业性兵书对军事训练、海防、江防、边防、城防、阵法、火药制造及使用等各个方面进行专门论述，这类书在明代也大量面世。此外，明代的一些奏疏、奏章中也有许多精辟的军事思想，甚至文人的杂记、文集中也有不少军事内容，可见兵学在明代曾泛滥一时。

明万历十一年（1583）绘印的长城图，所示系河北省迁安县冷口关管段的一段。

明代兵书表现出鲜明的时代特点：首先，明代已进入冷热兵器并用时代，此期兵书中有许多关于火器、火药、新战法、新军制等内容，出现了《纪效新书》等反映军事改革思想的代表作；其次，明代边患迭起，反对外族侵略的兵书应运而生，如《筹海图编》、《登坛必究》等；再次，明代开始介绍西方军事技术，《火攻挈要》是这方面的代表作。可以看出，明代兵书普遍重视实用，从哲理方面探究兵法的书相对减少。

兵学研究、著述在明代发展到一个高峰，大批将士、文人投入兵学研究，既发展了中国古代的兵学思想，也提高了将帅的作战指挥水平，留下了一批兵学要籍，这对研究中国古代军事理论和军事技术具有很高的参考价值。

竟陵派产生

明代中后期，前、后“七子”拟古之风甚烈，“文必秦汉，诗必盛唐”。“唐宋”、“公安”两派曾先后给予抵制和抨击。继公安派而起的是竟陵派，

它以竟陵人钟惺、谭元春为首，因而又称竟陵体或谭体。

竟陵派在反对拟古的同时，也反对公安派作品的俚俗、浮浅，倡导用一种“幽深孤峭”风格的作品对当世文坛加以匡救，因此，钟惺和谭元春共同编写了《古诗归》及《唐诗归》。钟惺在《诗归序》中认为，只有表现了“幽情单绪”、“孤行静寄”的作品，才是“真有性灵之言”。他注重作诗触景生情，应局限于幽独的感遇、刹那的灵机、淡远的意象和深隽的韵致，以此为“孤怀”、“孤诣”。钟惺有《隐秀轩集》，其中除了那些幽深孤峭甚至冷僻晦涩的作品外，也有一些反映社会现实的诗篇。如《江行排体》中写出了“官钱曾未漏渔蛮”的重赋。而小品《夏梅说》，则借赏梅咏梅人之口，冷嘲热讽人情世态的炎凉，立意新奇，传为名篇。

谭元春的山水五言诗多有佳品，如《游九峰山》等，迥然孤秀，带有明显的幽冷峭拔风范。但受钟惺影响，两人文学创作主张基本一致。他提倡诗文抒写性灵，反对拟古，主张写诗触景生情，随感而发。在他看来，“性灵”就是古人诗词中的精神，而“古人精神”就是“幽情单绪”和“孤行静寄”，因此，他的诗句文风艰涩，往往雕饰字句而忘及篇章，后人评为“字哑句谜，几无完篇”。

竟陵派和公安派一样，在明后期反拟古文风中有重要的进步作用，对晚明及以后小品文大量产生有一定促进之功。然而他们的作品刻意追求孤僻，题材狭窄，语言艰涩，反过来又束缚其创作的发展。

多种经营普及

明初，为收拾战乱造成的经济局面，朝廷鼓励农民垦荒发展副业。到明中期社会经济全面恢复，手工业日趋发达，商业繁荣，社会分工进一步发展，农业在当时商品经济发展的刺激下，逐渐由单一经营转为多种经营，经营方式也随之改变，出现了雇工经营商品性作物的地主和佃富农。农民也被卷入贸易网络中，商品性农业得到迅速发展。

棉花的种植在宋元时推广，到明代，棉花“种遍天下”，且在一些地区，产品主要面向市场，各地根据土质、气候不同培育出不同品种。《农政全书》

中举出8种，有江花、北花、浙花、黄蒂、青核、黑核、宽大衣、紫花等。

蚕桑业也有大发展。杭嘉地区桑树种植最为发达，有些地方已超过稻米种植。湖州“以蚕为田，故胜意则增饶，失意则农困”（《西吴枝乘》）。嘉兴、严州、绍兴、台州等地植桑很多。四川的阆中、北方的山东逐渐成为植桑业中心。

明代松江府是当时全国的纺织中心。图为松江风光。

纺织业的发达带动染料作物的种植，最重要的是蓝和红花。种蓝最多的是福建、江西，次为浙江、江苏。红花的种植很普遍，温州每年有大量红花运销外地。

而广东的番禺、东莞、增城一带，“蔗田几与禾田等矣”，“白、紫两蔗动辄千顷”（《广东新语》卷二十七）。福建南部“其地为稻利薄”，“往往有改稻田种蔗者”（《泉南杂志》卷上）。四川、浙江的植蔗业也有一定发展。

烟草在万历时传入福建、广东，迅速向其它省份推广。崇祯皇帝虽下令严禁种烟，但到崇祯末年，已是“艺及江南北”（《枣林杂俎》）。

果木的专业种植也有显著发展。广东、福建、浙江、江西、四川、江苏等省多种桔。福建、广东还盛产荔枝、龙眼。北方的果树品种如枣、梨、杏、桃、苹果以及榛子、栗子、松子等种植很广。城镇附近的蔬菜和花卉种植业也日趋兴旺。

经济作物和园艺作物受市场需求的刺激不断扩大种植面积，粮食作物播种面积相应缩小。非农业人口的增加促进了粮食生产的商品化。

1591～1600A.D.

明朝

1591A．D．明万历十九年

二月，顺义王撦里克及忠顺夫人三娘子令部下还所掠洮河人口。

是岁，努尔哈赤掠长白山、鸭绿江一带。

1592A．D．明万历二十年

五月，日本丰臣秀古犯朝鲜，逼王京；七月，日本兵入朝鲜王京大掠，北逼平壤，败明兵。

十月，大发兵援朝鲜，以李如松为防海御倭总兵官。

1593A．D．明万历二十一年

正月，李如松援朝鲜之师复平壤、开城，进攻王京，败绩。二月，李如松焚日本军粮储；四月，日本兵以乏食，弃王京而退，五月，据釜山。

九月，朝鲜王李昖表谢援救复国。

1595A．D．明万历二十三年

正月，遣使封丰臣秀吉为日本王。是岁，著名治河者潘季驯死。董嗣成死。

1596A．D．明万历二十四年

九月，封使至日本，丰臣秀吉怒朝鲜王子不偕来以谢，于是再拟侵朝鲜。

1597A．D．明万历二十五年

正月，朝鲜以日本留兵釜山，复求援助；二月，复议征日援朝，以麻贵为备倭总兵官；三月，命杨镐经略朝鲜军务。五月，麻贵进兵援朝。六月，日本兵船数千泊釜山，逼梁山、熊川。七月，杨应龙攻江津、南川。八月，日本破闲山、南原，进逼王京。十二月，援朝军与日本兵大战于蔚山。

1598A．D．明万历二十六年

正月，援朝攻蔚山之兵，以杨镐先奔，全军大溃，丧失辎重无数，而镐反以获胜入告。二月，益募水兵赴朝鲜与日本相持。以闻丰臣秀吉死，促援朝诸将进兵。

十一月，日本兵退，援朝兵追之。

十二月，歼日本匿乙山崖之残兵。

努尔哈赤命取蒙古字制国语，并令开金银矿。

1598A．D．

四月十五日，法兰西亨利四世颁布“南特敕令”。

1600A．D．

德川家康势力稳固。意大利天文学家、诗人、哲学家布鲁诺由异端裁判所判决焚死。

京营武官哗变

万历十九年（1591），京师长安门发生了一起武官哗变事件，轰动一时。事出于当时督工的工部尚书曾同亨，上书请“清皇内府工匠”。而曾的弟弟曾乾亨，也同时上疏请“裁冗员以裕经费”。事经外传，讹为将裁减军俸。京营各武官误听流言，以为要裁减其俸粮，大哗。

万历十九年（1591）十月初一，京营武官相约共同起事，群聚而拥入长安门，准备向内阁控诉，适遇工部尚书曾同亨出朝，众人围住曾喧哗嚷闹并辱骂之。幸有兵部尚书石星闻讯，立即前往，传旨解散众军官。事后，掌后府定国公徐文璧被罚俸半年，长安门守门官则由法司提审问罪。曾同亨因当众受辱，屡疏乞休，神宗不准。

梁辰鱼作《浣纱记》

梁辰鱼（1519？～1591？），字伯龙，号少白，又号仇池外史，昆山（今属江苏省）人，是明代戏曲作家。以例贡为太学生，但未入学。他熟习戏曲音律，得魏良辅的传授，改革和推广魏良辅以昆山腔为基础而创造的“水磨调”。他的作品有昆山演唱传奇《浣纱记》，对昆腔的发展和传播起了很大作用，另著有杂剧《红线女》、《红绡》，散曲集《江东白苎》等。

《浣纱记》原名《吴越春秋》，共45出，主要内容描写春秋时期吴国和越国互相攻伐，越国战败，越王勾践忍辱负重卧薪尝胆，用范蠡之计，向吴王夫差进献浣纱美女西施，西施进入吴国后，用离间计使吴国君臣之间产生矛盾，后来越国反攻，终于打败吴国，范蠡大功告成弃掉官位，携带西施泛舟而去。

《浣纱记》成功地刻画了剧中几个主要人物的形象，歌颂越国的君臣为

了国家的利益团结一致，共同对外的精神，抨击了吴王夫差的刚愎自用和不听忠言，抒发了作者对封建王朝腐败的不满。《浣纱记》第一次成功地把“水磨调”运用到舞台上，开拓了昆山腔传奇借助生旦爱情抒发兴亡之感的领域。后世在舞台上演出的西施故事，大都源于《浣纱记》。

明神宗三大战役进行

自明神宗万历二十年（1592）起，不到 10 年时间，一共打了三场大战役，即：宁夏战役、朝鲜战役和播州战役。

建于明万历十九年（1591）的陕西三原县龙桥

万历二十年（1592）二月，宁夏致仕的副总兵哱拜起兵反叛，拉开了宁夏战役的序幕。哱拜，原为鞑靼人，嘉靖中降明，屡立战功，官至指挥使。因不满宁夏巡抚党馨的裁抑，以不如数发给冬布衣及月粮银为借口，唆使其子承恩及部属起兵反叛，杀巡抚都御史党馨及副使石继芳，占据城亘，与鞑靼相勾结。四月，朝廷任命李如松为提督，辖陕西军务讨伐哱拜，同时，又派辽东、宣大、山西援军到宁夏，归李如松指挥，宁夏巡抚朱正色，甘肃巡抚叶梦熊也加入讨伐叛军之战。七月，明军水攻宁夏城，李如松斩首级 16 人，生擒 1 人。城内饥荒，士食马匹，民食树皮、败靴，城内民众拥请招安。九月，参将杨文提的浙兵及苗兵、庄浪兵赶到汇合，攻破宁夏城，哱拜仓皇自缢及放火自焚，被部卒从火中斩首。宁夏叛乱终于平息。

同年五月，日本关白（宰相）丰臣秀吉派水陆军 20 余万，以小西行长为先锋，偷渡朝鲜海峡，迅速攻占釜山、王京（汉城），直逼平壤。朝鲜国王李昖向明朝求援。明廷认为，日本侵朝，意在中国，便派祖承训为副总兵，率师援朝。七月，祖承训部 3000 余人与日军在平壤相遇，不敌败退。十月，

明廷令李如松提督蓟、辽东、保定、山东军务，任防海御倭总兵官。十二月，李如松率兵7万东渡入朝。万历二十一年(1593)正月,李如松收复平壤，歼敌万余人，取得援朝首次大捷。二月，焚毁日军粮仓粟食数十万。四月，日军因缺粮而退出王京，明军入城，并追击日军至釜山。五月，四川参将刘挺以副总兵衔率援军4000到达朝鲜，出乌岭，屯大邱、忠州，布兵釜山海口。六月，日军派小西为使请和。七月，李如松归国。十二月，中日和议成约，朝鲜之役结束。

明代竹节炮。突起的节加固了炮身，美观实用。

万历二十二年（1594）十月，邢玠征讨播州杨应龙。杨应龙，万历十八年(1590)因其祖杨烈军功,封为都指挥使。因多行不义,二十年十二月被弹劾，本应论斩，杨应龙献金自赎。二十二年十月在播州反叛，南京兵部侍郎邢玠奉命总署川贵军务，征讨杨应龙。次年五月，邢玠抵达重庆，杨应龙故伎重施，以出4万两黄金资助采木而获开释。但仍被革职，由其子杨朝栋理宣慰司事务。二十四年（1596）七月，杨应龙再次反叛，攻陷邻近卫所、土司；次年七月掠合江、綦江。二十六年十一月，又大掠贵州，侵入湖广48屯，阻塞驿站。二十七年（1599）二月，贵州巡抚江东之派兵讨伐杨失利。朝廷起用都御史李化龙兼兵部侍郎，节制川、湖、贵三省军事，进剿叛军，各有胜负。二十八年（1600），李化龙在重庆会集文武，分兵八路，进剿播州。六月，平定播州，杨应龙举家自尽。杨氏自唐以来800余年占据播州的历史，自此而终。

宗室子弟可参加科举

明政府一直谋求既可限制宗室子弟，又不使他们成为坐食其禄的财政负担之法。

万历十八年（1590）六月，明廷更定“宗藩事例”，解城禁，宗室子弟可四境谋生；又开立宗学，宗室子弟同民间子弟一样考试，从农从商，听其自便。

万历二十三年（1595）正月，郑恭王朱厚烷之子朱载堉奏请，允许宗室子弟儒服就试，中试者量才录用。明神宗勉强同意，命爵在辅国中尉以下者皆得入学就试。

其后李廷机又提议，中试者一律按士子出身授职，不必拘泥原爵。神宗同意，并于万历三十三年（1605）正式实行，宗室子弟不论爵位皆可与生员一体应试就仕，但不得为京官。神宗此举为明代诸王分封制度的一大变革，也是对以往宗室子弟不得入朝、出城等禁令的冲击。

位于北京孔庙大成门及先师门两侧的进士题名碑

努尔哈赤收服各部

自努尔哈赤的满洲部兴起之后，在辽东海滨的女真共有四部：即满洲部、长白山部、东海部、扈伦部。扈伦部又分为四：叶赫、哈达、辉发、乌拉，其中叶赫部最强。

努尔哈赤的八旗军用过的铁剑、铁刀、铁盔。

叶赫部主见努尔哈赤崛兴满洲，早已欲加剪除，明廷要利用叶赫部牵制努尔哈赤，也随时加以羁縻，倚之为屏蔽，称作海西卫。万历二十一年（1593），叶赫部纠合哈达、辉发、乌拉各部，又联合长白山下的珠舍哩、纳殷二部，并联络蒙古的科尔沁、伯卦、勒察三部，共3万余人，号称九国，攻打满洲部，但被努尔哈赤杀得大败亏输。

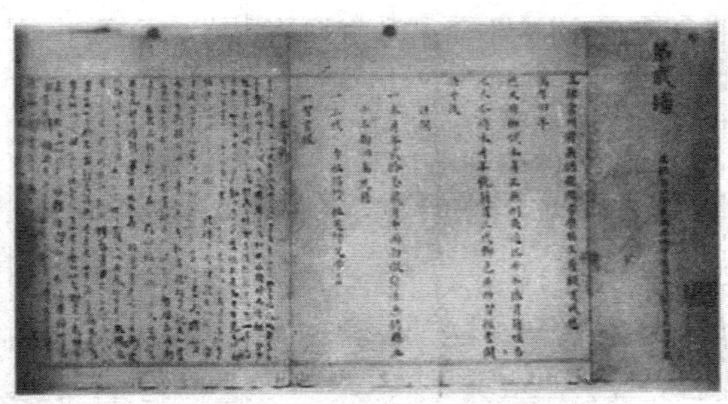

“东林先生”顾宪成明成历四年应天府分试试卷

努尔哈赤乘胜收服蒙满各部。万历二十二年（1594），蒙古科尔沁部、喀尔喀等五部通好于努尔哈赤。次年，努尔哈赤又大败辉发部，略地而归。万历二十四年（1596），明廷遣使于努尔哈赤。次年，努尔哈赤遣子褚英等夺取安褚拉库路。各部皆陆续降顺努尔哈赤，而叶赫等扈伦四部，始终未服，并遣使与明朝修好，对抗努尔哈赤。

万历二十七年（1599），努尔哈赤消灭了扈伦四部之一的哈达部，东海

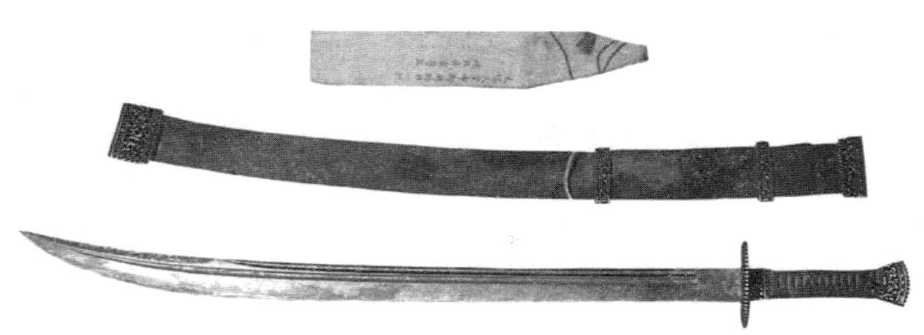

努尔哈赤曾用这把宝刀，打下了后来清朝的基业。刀鞘用鱼皮制成。

渥集部亦来归降。同年，努尔哈赤开始整顿军队组织，规定每出师、狩猎、组织队伍，部族成员每人出箭一支，以十人为一单位，称牛录（即汉语“大箭”），牛录头领叫“牛录额真”。努尔哈赤又命取蒙古文字母创制满文，并开发金银矿。从此，满洲部更不可敌。

东林党肇始

神宗久未立储，成为朝臣争执之端，无意中亦成为东林党议之肇始。

万历二十二年（1594），神宗欲立郑贵妃所生子常洵为太子，廷臣则普遍请立皇长子常洛为太子，故朝廷出现“国本”之争。吏部侍郎顾宪成力争“无嫡立长”，触犯神宗。首辅王锡爵将辞官，顾宪成推举王家屏代为首辅，王家屏也是立长派，顾宪成因此再次触怒神宗被革职还乡。

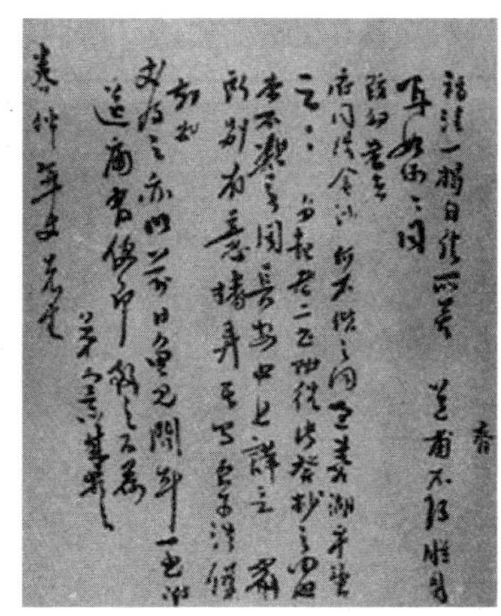

顾宪成手迹

顾宪成（1550 ~ 1612），无锡人，故居有东林书院，是宋代杨时讲道之处，被革职之后，顾宪成与其弟允成重修东林书院，偕同志者高攀龙、钱一本、薛敷教、史孟麟、于孔兼等在此讲学，“每岁一大会，每月一小会”。当时一些被谪黜的士大夫，或世不能容而退居山野者，皆闻风响附，他们讽议时政，裁量人物。朝内官员慕他清议，亦遥相应和。东林书院隐然自成一党，后来遂称东林党，顾宪成亦被尊称为“东林先生”。

顾宪成曾言：“字辇毂，志不在君文；官封疆，志不在民生；居水边林下，志不在世道；君子无取焉。”所以虽然退居书院讲学，仍不断讽议时政。其后，孙丕扬、邹元标、赵南星等正直君子，为朝廷所黜，亦赴东林相继讲学。他们自负气节，与朝廷相抗，是为东林党议之始。

弘阳教创立

弘阳教，又称红阳教或混元红阳教，创教祖师飘高，俗名韩太湖，号宏阳，广平府曲周县人，生于明隆庆四年（1570），19岁出家，万历二十二年（1594）在太虎山悟道，开宗立教，广收门徒，建立教团。次年，进京传教，结交贵族与太监，为之护教张扬，于是教门大为兴隆。飘高得到掌皇家印造经书的太监的支持，将弘阳教宝卷在内经厂印刷，并借御印经典之名，流通天下，但弘阳教始终未得到政府的正式承认，因而主要在民间流行。

飘高仿罗祖五部经，造“红阳五部经”谓之“大五部”，后又造“小五部”。弘阳教教义的宗旨是三阳说和红阳劫变说。弘阳教的主神是混元老祖，与无生老母是夫妻关系，共同主宰人间。飘高自称是他们的小儿子，孔子、老子、释迦、真武是飘高的兄长。

弘阳教“混元”之称来自道教，混元老祖创世的过程是“一生二、二生三、三生万物”，显然取自道家，同正一道一样，十分注重道场仪式，善于斋醮祈祷。

弘阳教主张三教兼融，在它的道德信条中，将佛教道德与儒家道德结合起来，宣扬善者有因，恶者有报，恭敬三宝，孝养双亲，和睦邻里，爱成子嗣等伦理观念。从总体上说，弘阳教与黄天教比较接近，都宣扬三世说和来世劫变说，具有变天思想和反叛精神，因此被作为“邪教”、“异端”而受到查禁和镇压。

采榷之祸开始·市民运动兴起

明朝自从援朝战争与平定哱拜以来，国用大匮，神宗又重建坤宁、乾清二宫，工程费用巨大，万历二十四年（1596）六月二十四日，府军前卫副千户仲春请开银矿，神宗立即同意，采榷（榷，皇帝专利）之祸由此开始。

当时户科给事中程绍等人以得不偿失，上疏谏阻，户部尚书杨峻民以“恐妨天寿山龙脉”为由谏阻，皆无效。神宗降旨命户部和锦衣卫各遣人协助仲春，在畿内诸府州开矿。七月二十日，太监王虎等人即在真定诸府州正式动工开矿。

未几，河南、山东、山西、浙江、陕西等地悉令开采，由宦官督领，并对他们委以大权。结果他们趁此横索民财。开矿无所得，则勒民赔偿；地方官稍逆其意，则加之以阻挠开矿之罪；富家巨室，则诬之为盗矿所得；良田美宅，则指以下有矿藏。为此蒙不白之冤者，不知凡几，奸人亦借开采之名，索人财物，辱及妇女，结果海内骚动，民困不堪。廷臣前后不下百次上疏谏阻，神宗一概不听。

万历二十四年(1596)十月二十二日，神宗派大批太监为税使，到各地征税。他们每到一地，开设中使衙门，恣行威福，凌驾于地方政府之上。全国两京十三省，无处不开矿，无地不征税，甚至没有矿，不经商，也要照样交纳矿税商税。其中尤以税使之祸为烈。税使、矿监“纵横绎骚，吸髓饮血”，结果“天下萧然，生灵涂炭”（《明史》卷三〇五《陈增传》）。祸害终万历之世达 20 余年。据统计，自万历二十六年（1598）至三十四年共掠财物有银 6715700 余两、金 22570 两。另有无数奇珍宝玩。还有矿税使贪污、随从瓜分、恶棍骗去等。

万历二十七年（1599）三月，神宗命天津税监马堂兼领山东临清税务，马堂科征无艺，零星米豆也抽税，光天化日武力强夺民产，致使繁华的临清商店纷纷倒闭，大批居民失业，衣食无着。同年四月，“匠织手”王朝佐率众万余人，围攻马堂，放火烧其公署，杀其爪牙 30 余人，史称“临清民变”。

同年十二月，为抗议湖广税监陈奉横行掠夺和公然侮辱生员的妻子，武昌、汉阳居民一万多人，冲入税监衙门，用瓦片石块打伤陈奉，是为“武昌、汉阳民变”。万历二十九年（1601）三月，武昌市民数万人为抗议陈奉诬陷湖广分巡佥事冯应京，包围税监衙门，“誓必杀奉”。陈奉逃窜，武昌群众将其党徒16人投入长江淹死，又烧毁湖广巡抚衙门，史称“武昌民再变”。

面对风起云涌的市民运动，廷臣纷纷上疏要求停止“榷矿榷税”政策，撤回矿监税使。但明神宗置之不理，各地矿监税使为虐变本加厉。司礼太监孙隆督领浙直税务，驻扎苏州，随意加征苛捐杂税，导致广大机户关厂停产，织工失业。万历二十九年（1601）六月，苏州市民在织工葛贤率领下举行著名的“苏州民变”，将孙隆的死党六七人溺死河中，烧毁税棍住宅，包围税衙，要求停止征税。后还提出“税监可杀”的口号。万历三十年（1602）江西景德镇万余工人反抗税监潘相；万历三十四年（1606）三月，发生“云南民变”；万历三十六年（1608）发生“辽东民变”；万历四十二年（1614）四月发生“福州民变”。从此中使威风扫地。

市民运动集中发生于经济贸易发达的中心市镇，并且以空前的规模形成广泛的社会风潮，是当时一股反对封建统治的新兴的政治力量。它反映出中国封建社会经济发展的成熟、城市经济的迅猛发展以及市民思想的觉醒。

林兆恩创三一教

林兆恩（1517 ~ 1598），字茂勋，别号龙江，道号子谷子、心隐子、混虚氏、无始氏，学者初称三教先生，后来教徒尊称三一教主、夏午尼氏。林氏青年仕途失意后开始治学著述，收徒讲学，40岁时居“东山宗孔庙”，与诸生讲论古礼，后立“三纲五常堂”，讲授三教，形成学术社团。这时候的林氏成为

山西五台山寿宁寺内的孔子像，是儒、道、佛三家交融与合流的产物。

一位名声卓著的学者。林兆恩晚年，渐渐以教主自居，在弟子们的神化和崇拜中，把自己变成神，学堂变成教堂，堂内的活动掺杂宗教祭祀内容，终于在他 71 岁时，三一教正式形成，门下改称三教先生为三一教主，各地立三一教堂，教堂供奉四大偶像：孔子，儒仲尼氏，圣教宗师；老子，道清尼氏，玄教宗师；如来，释牟尼氏，禅教宗师；林兆恩，夏午尼氏，三一教主。万历二十六年（1598），林兆恩去世，门徒分头传教，形成三大支派，一支以陈标、王兴为首；另一支以张洪都、真懒为首；第三支以卢文辉为首，以林氏嫡传自居，三一教在清初仍有活动。

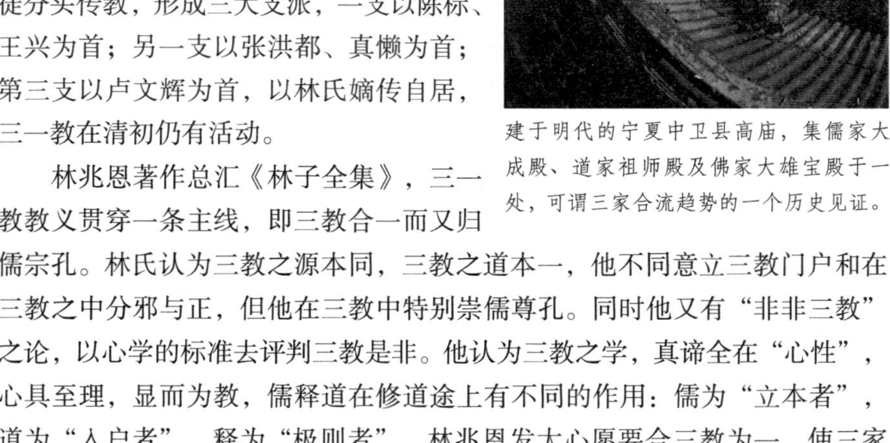

建于明代的宁夏中卫县高庙，集儒家大成殿、道家祖师殿及佛家大雄宝殿于一处，可谓三家合流趋势的一个历史见证。

林兆恩著作总汇《林子全集》，三一教教义贯穿一条主线，即三教合一而又归儒宗孔。林氏认为三教之源本同，三教之道本一，他不同意立三教门户和在三教之中分邪与正，但他在三教中特别崇儒尊孔。同时他又有“非非三教”之论，以心学的标准去评判三教是非。他认为三教之学，真谛全在“心性”，心具至理，显而为教，儒释道在修道途上有不同的作用：儒为“立本者”，道为“入户者”，释为“极则者”。林兆恩发大心愿要合三教为一，使三家归之于“中一道统”。

明代中后期，三教合流达到一个高潮，不仅三家在理论上互融互补，而且有一批学者公开主张取消三家门户，如李贽、焦竑等，他们与林兆恩同属一种文化思潮，而林兆恩的三一教不仅主三教合流，而且将其纳入一种新的宗教之中，这是林氏的独家创造。

三一教的组织形式与活动方式基本上采用了当时流行的民间宗教白莲教的模式，但三一教的显著点在于，它是由学术团体演变而成，与知识界联系较为密切，学问之风较盛，崇拜对象限于佛老孔林，崇儒归孔是主要倾向。

中日战争再起日军大败

万历二十五年（1597）正月，丰臣秀吉拒绝明朝封赏，日军仍未撤离釜山归国，丰臣秀吉再遣清正统战船准备夺回朝鲜重镇，朝鲜遣使向明朝求援。二月，明廷命麻贵为备倭总兵官，统率南北诸军，出师朝鲜，征剿日本侵略军。三月，又命杨镐经略朝鲜军务，邢玠经略御倭，以增强后援。

丰臣秀吉像

六月，日本兵船数千停泊，逼近梁山、熊川，邢玠设计逮日军向导沈惟敬。八月，日军攻陷全罗外藩的南原和位于朝鲜西海口的南原闲山岛，直接威胁我国天津、登莱，并进逼王京（汉城）。十二月，明军围攻战略要地蔚山，连续10日未能攻克。日军以诈降行缓兵之计，万历二十六年（1598）正月，日军大队军马骤至，明军措手不及，统帅杨镐、麻贵弃军先逃，败回王京。是役，明军丧师2万余，辎重多丧失，杨镐与邢玠合谋，反向朝廷诡报获胜。后经揭发，杨镐被罢职。蔚山一役，明军谋划多时，而且中朝尽倾全力，至是大败，朝野无不嗟恨。

七月，日本关白（宰相）丰臣秀吉病死，日军军心摇动。日将皆有归志，

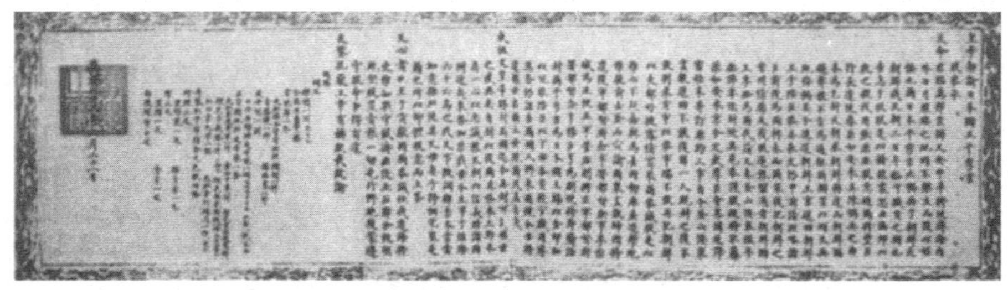

万历二十三年（1595），明代册封丰臣秀吉为日本国王的诰书。次年又颁秀吉金印、刺谕和冠服。

釜山城战斗图

邢玠派兵进击，再战蔚山，胜负未分。十月，刘綎、麻贵分道击日兵，大胜。

十一月，日将行长、清正欲弃蔚山逃归。明军水师提督陈璘派战舰封锁海路，又遣副将邓子龙偕朝鲜将领李舜臣追击日军。邓子龙已年过 70，仍率战船300艘为前锋，追至釜山南海，携 300 勇士奋勇杀敌，后战船中火，邓、李二人壮烈牺牲。这时，副将陈蚕、季金等率军至，前后夹击，焚毁日舟，日军死伤无数。陈璘与刘綎亦会师击日军干曳桥寨，再焚日军战船百余艘。此次釜山南海大战，明军共击沉日船 900 余艘，烧死日将岛津义弘，全歼日水军。日军残部退至锦山。

十二月，陈璘派兵围攻乙山，发炮攻击，日军无一逃脱。明军的抗倭援朝战役以胜利告结束。从首次入朝作战至今，历时 7 年，“丧师数十万，糜饷数百万”，人力、物力的损失不可谓不大，但中国军队的胜利，却受朝鲜人民世代称赞。

唢呐扬琴传入

唢呐可能来自阿拉伯国家，据明代徐渭（1521 ~ 1593）《南词叙录》记载：“至于喇叭，唢呐之流，并其器皆金、元遗物矣。”唢呐可能经西域传入中原，在明代已广泛应用。

有关唢呐的形制，我们从相关的古书籍记载中得出：在《事物绀珠》卷十六中，载有锁哪（即唢呐），并叙述其形制：“木管、芦头、铜底形绰。”同卷同时还记载有喇叭，在《三才图会》器用三卷中，也有关于唢呐和喇叭的附图记载。所谓喇叭即指长尖，与唢呐同一体系，它们的形制与今日通行者均相近，《三才图会》叙述喇叭说：“其制以铜为之，一窍直吹，身细，它口殊敞似铜角。不知始于何时，今军中及司晨昏者多用之。”在叙述唢呐时说："其制如喇叭，七孔，首尾以铜为之，管则用木。不知起于何代，当是军中之乐也，今民间多用之。"可见，明代中叶唢呐已经在军中和民间普遍应用。

扬琴是击弦乐器，大约是在明代晚期或清初经海路从广东一带传入中国，同时又有洋琴、打琴、蝴蝶琴等多种名称。从形制和演奏方式上看，扬琴的源头是欧洲的德西马琴（Dulcimer），那是一种十分古老的乐器，曾在西亚、欧洲中部和东部一带流行。

扬琴从南方传入我国后，逐渐向东南沿海和内地传播，经清代至今，成为广泛用于说演、戏曲、器乐合奏（如广东音乐、江南丝竹）的重要乐器，且从清末民初起，有向独奏乐器发展的趋向。

万历年间金陵大业堂周曰校刊本《英烈传》插图

王士性游天下

明晚期，人文地理学家王士性几乎游遍全中国，并将旅游所得著成《五岳游草》、《广游记》、《广志绎》等。

王士性（1546 ~ 1598），字恒叔，号太初，又号元白道人。自幼聪颖好学，是山西布政使王宗沐的侄子。万历五年（1577）进士。性喜游历，官迹所至，几遍全国。

在担任河南确山县令时，王士性有机会游历嵩山；后擢礼科给事中，又游泰山、华山、恒山；任职广东期间又游衡山；其足迹涉及10个州的众多名山，他将所游名山以诗和图的形式记录下来，辑成《五岳游草》，其中图记7卷、诗3卷。《五岳游草》另有杂记2卷，题名《广游记》，二者合称《五岳游草》共12卷。从卷一至卷七依次记录了其游五岳大江南北，吴、越、蜀、楚、滇

明成历年间兴建的内蒙古喇嘛教寺院——大召寺

越等地的山川形胜。卷八、九、十为诗；卷十一、十二为各种杂记。此书的一小部分内容转录于清初顾炎武的《天下郡国利病书》卷一的《舆地山川总论》中，主要讲述中国的地脉、形胜和风土，其中不乏独到的见解。万历二十五年（1597），王士性写成《广志绎》6卷，从卷一到卷六分别是：方舆崖略，两都（南北两直隶），江北四省（河南、陕西、山东、山西），江南四省（浙江、江西、湖广、广东），西南四省（四川、广西、云南、贵州），四夷辑。最后一卷只存目录，所以全书实际只有5卷。这是一部相当于现代人文地理的专门著作，非常精辟地论述了人与环境的关系问题。例如，通过对今浙东地区的考察，他认为那里地貌形态、水泽分布情况、海陆分布情况，即地理环境的不同，是造成人民生产和生活方式不同的重要原因。地理条件不同，自然会影响人民的经济条件；经济条件又会影响人民的风俗气质。从而造成平原地区较发达，山区相对落后的局面。他的这种人地关系推论，虽不尽正确，但在400多年前已属难能可贵。

王士性对于各种地理要素极富观察能力，通过考察，他还发现不同的地貌，造成不同的生存环境，同时也塑造了各地人们不同的禀性和气质。因而在关中高原横亘之地，人们自幼就和困难斗，不怕吃苦，往往锤炼成一副“关东大汉”形象。实际上这是接触到地理环境直接影响人的素质和文化机制问题，属于现在所说区域文化这一范畴。

王士性足迹踏遍全国，他将本人实地考察所得著成书，这一点和后来的徐霞客有共同之处。其著述几乎涉及文化地理、农业地理、城市地理、历史地理、旅游地理、军事地理、民族地理等人文地理方面的广泛内容，丰赡而翔实。

明万历年间修建的广西容县真武阁，阁中四根金柱的柱脚悬空。

耶稣会龙华民入华

明万历二十五年（1597），意大利天主教耶稣会传教士龙华民到达中国传教。

龙华民（1559 ~ 1654），意大利人。此次来华传教，是受葡萄牙殖民势力支持的。他先是在韶关（今广东韶关）进行传教活动，后继利玛窦万历二十四年（1596）出任在华耶稣会会长后，成为该会第二任会长。1654 年卒于中国。

龙华民在华传教 58 年，使天主教在中国更为流传。此外，他还参加了明朝修历工作，曾参与《崇祯历书》的修订。

鸟铳广泛使用

从明初到明末，火器一直处于革新和发明过程中，嘉靖年间经过引进和研制，改进的鸟铳取代了火铳，成为明军的主要热兵器装备。

鸟铳是欧洲人发明的，明嘉靖年间经日本传入中国。嘉靖二十七年（1548），明军收复日倭寇占据的东南沿海的双屿（今浙江勤县东南海中），获鸟铳及善制鸟铳者。由于鸟铳在构造上与手持火铳相比，具有射管长、口径小、装

备瞄准具等特点，明廷遂命仿制，嘉靖三十七年明朝研制首批鸟铳成功。约在同时，又有鲁迷（位于今土耳其）鸟铳传入中国，中国许多火器专家即潜力研制，以求革新。明万历二十六年（1598），赵士祯仿鲁迷鸟铳进行改制，加长身管，改进发火装置，简化发射动作，而且床尾钢刀，倒转过来，近战可作斩马刀用。

明代铜制火铳

改进后的鸟铳，射程远，威力大，形制也比日本鸟铳优越。赵士祯同年又研制出更优越的掣电铳，采用后装子铳形式，子铳预先装填好，发射时，轮流装入枪管射击，加快射击速度。这种子铳，实是有火药有弹头的原始子弹，在中国古代兵器史上是一项重大发明，大大促进了鸟铳的广泛使用。

鸟铳的出现及改制，引起军队装备的重大变化，很快成为明军队主要的轻型火器之一。嘉靖三十七年（1558）一年之中就制造鸟铳 10000 支，戚继光的戚家军步营有 2669 人，装备鸟铳就有 1080 支。随着后来鸟铳的不断改进和大量装备军队，军队的战斗力大大加强。

程大位总结推广珠算

明万历二十年（1592），明代珠算家程大位于 60 岁高龄完成其杰作《直指算法统宗》（简称《算法统宗》），这是中国古代数学发展过程中一部十分重要的著作，流传极广且长久，对中国民间珠算的普及起了很大的促进作用。明末，该书还传入朝鲜、日本及东南亚各地，对这些地方珠算的传播，也起了重要的作用。

程大位（1533 ~ 1606），字汝思，号宾渠，安徽休宁人。少年即广读群书，对书法和数学尤感兴趣。20 岁起便在长江中下游一带经商，同时遍访名师，搜集许多数学书籍并加以研究。约 40 岁时归家潜心钻研，终于万历二十年完成该杰作。

《算法统宗》共595个问题，绝大多数摘录自刘仕隆的《九章通明算法》（1424）和吴敬的《九章算法比类大全》（1450）等书，较全面地搜集了当时的算法，成为当时同类珠算著作中较好的一部。

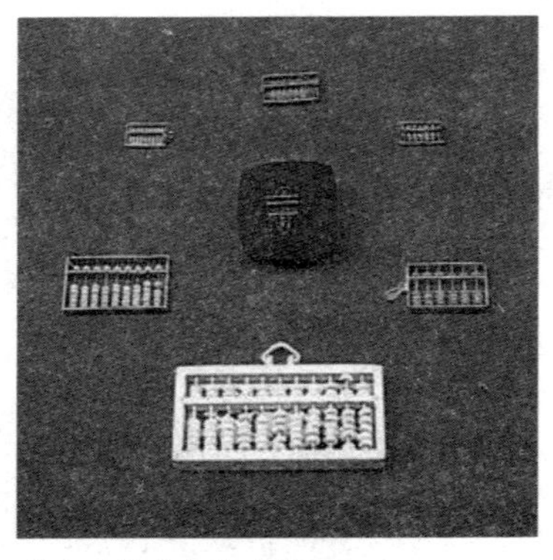
明代开始盛行的珠算

该书共17卷，前二卷讲基本事项与算法，其中珠算加法及归除口诀与现今口诀相同；乘法以“留头乘”为主，除法以“归除法”为主，为后世珠算所长期沿用。卷三至卷十二为应用问题解法汇编。其中卷三“方田”章内介绍了他创造的“丈量步车”，类似现在测量用的皮尺；卷六中首次提出了归除开平方、开立方的珠算算法。卷十三至卷十六为“难题”汇编。卷十七为“杂法”，介绍了民间算法“金蝉脱壳”及珠算式的笔算“一笔锦”等。最后在附记“算学源流”中列出北宋元丰七年（1084）以来51种数学书目，其中15种现尚有传本，为了解当时数学书的传布情况提供了资料。

程大位还于万历二十六年（1598）从《算法统宗》中摘选出切要部分，编成《算法纂要》4卷，与《算法统宗》先后在屯溪刊行。

丝织业盛行机户制

明代丝织业分为官营和民营两种。官营丝织作坊设于京师的有针工局、织染厂等，归工部管辖。京师之外，则分设于浙江、南直隶、四川成都以及山东济南等处。东南地区是官府丝织业的中心，尤以南京、苏州、杭州三处为重，自永乐时期开始差遣宦官督管织

明孝端皇后织金妆花缎通袖过肩龙女夹衣

造。明代官营丝织作坊的年生产量每年造解 15000 匹，南京内织染局和神帛堂造解 3369 匹，各地方织染局 28684 匹。

从英宗天顺四年（1460）开始，朝廷不断下令额外增造，尤以嘉靖、万历时期为甚，已远远超出官营丝织作坊的生产能力，各地方织染局为了完成任务，便纷纷实行“机户领织”制度，这是一种通过中间包揽人，利用民间机户进行的“加工定货”的生产形式。

机户不仅存在于城市，也存在于乡村，并促使一批丝织业市镇的形成。

李贽的“异端”思想

明朝中叶，在中国封建社会内部，已经孕育着资本主义的萌芽，新的经济因素的出现，必然会引起社会意识形态的转变，传统的纲常伦理，思维模式和价值观念受到了全面而又猛烈的冲击。作为应时而生的杰出思想家，李贽的思想因对封建社会意识形态的诸多方面都极富战斗性，故在当时被斥为异端。

李贽原姓林，名载贽，嘉靖三十一年（1552）中举后改李姓，号卓吾，又号宏甫，别号温陵居士，福建晋江人，祖籍河南，世代为巨商，到李贽出世时，其家势已经基本上衰落了。幼年，李贽随父读书，性格倔强，略读四书五经，声称不信儒道佛，尤其厌恶道学先生。26 岁中举，嘉靖三十五年任河南共城（今河南辉县）教谕，在此期间，两个女儿相继因饥荒而病死。后任南京国子监博士和北京国子监博士，补礼部司务和南京刑部员外郎，中间数次丁忧还乡处理丧事。万历五年（1577）任云南姚安知府，任期满后即结束了仕途生涯，潜心著述。纵观其 20 多年宦游生涯，所任职务均属清贫，且处处与上司抵触，深感受人管束之苦，并因思想冲突曾与耿定向展开过长达一二十年的辩论，其耿介和倔强由此可见一斑。辞官以后，李贽携妻女依附湖北黄安耿定理三年，再移居麻城龙潭湖上的芝佛院，曾一度剃度。在这段时间里，他潜心读书，讲学，著述，完成了其著作的绝大部分，后来又辗转迁徙于山西沁水、大同和北京等地，生活极不稳定。

李贽的主要著作有《藏书》、《续藏书》、《焚书》、《续焚书》，由于其中对封建社会意识形态表现出尖锐而激烈的抨击，曾几经毁版焚禁，直

到清朝乾隆年间仍被列在禁毁之列。然而，他在麻城讲学 18 年，师从他的人数以万计，因而，其学说和思想在民间广为流传，影响很大。

李贽塑像

自幼颖异的李贽博览群书，纵贯百家，其思想上承王艮、何心隐等人并有极大发展，泰州学派由他推向了一个高峰。在《续焚书》的《与曾继泉书》中，他自述当时其周围无见识的人们将其视为异端而大加挞伐的情形，他自己也承认自己是异端，可见“异端”思想乃是其特异之处。这种“异端”思想首先表现在他将自古以来是非标准颠倒过来的大胆批判精神，他认为是非标准没有固定的特质和定论，是随着时间推移而发展变化的，彻底否定了理学家以孔子作为是非标准的做法，批判了这种固定不变的是非标准压制、束缚了人们活泼的自然之性。被理学家教条化并被人们盲目崇拜的孔子学说，在李贽那儿已经开始动摇了，孔子作为道统之祖的地位也已不存在，在李贽看来，孔子与凡人并无二致，他根本不承认圣人和道统。伴随着道学家所奉的道统基础的彻底动摇，儒家经典和儒家圣贤以及当世的道学家都遭到李贽的讽刺，批判乃至尖锐的抨击。其《四书评》与传统经读之书全然对立，表现出鲜明的离经叛道思想。在指出孔孟之学是其弟子当时致用学说，不应该也不可能作为万世的指导思想之后，说程朱奉孔孟之道是他们谋求富贵的资本，自称清高的道学家实际上是逐求高官厚禄的虚伪无耻之徒，口谈道德而实质是盗贼。在批评耿定向时，李贽就直截了当地揭示了其假道学的伪善面目，表现了他的勇敢批判精神。在动摇和瓦解了儒家独尊地位的前提下，他大胆评价诸子百家的

福建泉州李贽故居

功过是非，其所持标准已不是“以孔子之是非为是非”的标准，而是按照人性的自然之性和是否符合历史人物所处时代的现实为标准，原则是适应时代并能经世致用，只有这样才是对历史有用的人才。以此为标准，他大胆将陈胜、窦建德等农民起义领袖与帝王并论，理学家的妇女贞节观也受到李贽激烈的批判，这些都无一例外的是其思想被斥为异端的核心内容。

李贽的“异端”思想是继承和发展泰州学派哲学思想而来的。他将王艮“百姓日用之道”的命题发展为“穿衣吃饭即是人伦物理”，进一步强调人就是道和人必有欲的思想，认为“道”是饥饿时吃饭和困了睡眠等人们对基本物质生活的自然要求，这无疑是与道学相悖离的。同时，李贽提出趋利避害是人的自然本性，任何人都无法摆脱对物质利益的追求，呈现了当时价值观的新趋向，是对道学家们宣扬的“存天理，去人欲”的观点的彻底反叛。并说谋求功利是正大光明的事，这无疑是处于资本主义萌芽时期急于谋求发展的市民阶层的呐喊，市民意识的觉醒的显现。

由于有这些新的意识作为理论基础，才使得李贽思想上有掀翻万世名教的强烈战斗精神，同时其顺应时代的市民意识特点，使得李贽所提出的社会理想、道德原则和思想理论闪耀着启蒙主义思想的光芒，从而将泰州学派的思想理论发展到了顶峰。

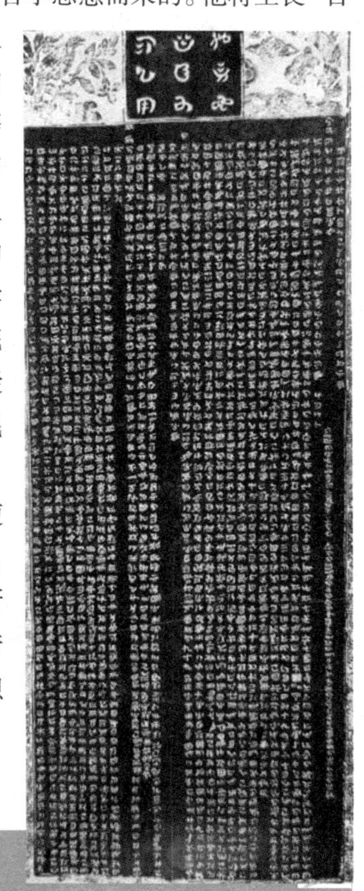

建于明万历二十年（1592）的贵州大方县水西大渡石桥，桥上刻有爨、汉两种文字的碑记。图为爨文碑记拍片，存字共计1922字。

彝文定型

彝文亦称老彝文，汉文史志称之为“爨文”、“爨书”、“爨字”、“韪书”、“倮倮文”或“夷文”、“夷经”。从形体上看与汉字很接近，实际不是从汉字蜕变而来，可能是仿汉字造字方式创造的。彝文文献古籍较多，主要是手抄本，刻本较少。较古刻本《太上感应篇》译述，全文2.29万字，是今存彝文刻本文字最多的一部书。金石彝文，过去中外学者认为最早见于明代刻石，如云南楚雄自治州禄劝县的《镌字崖》，刻有彝、汉两种文字，是明嘉靖十二年（1533）的刻石。今贵州大方县安氏土司彝汉两种文字的《千岁衢碑记》，镌于嘉靖丙午年（1546）。近年来贵州大方县发现的明成化二十一年（1485）的铜钟，钟面铸有彝、汉两种文字，较上述刻石早60多年，是现存最早的彝文文献。大方县水西大渡河石桥建于明万历二十年（1592），桥上刻有彝、汉两种文字的碑记。彝文记述了水西土司安氏世代的历史，共有1922个字，是现存字数最多的彝文刻石，也是研究彝族社会历史、风俗习惯的资料。

彝文是一种古老的音节文字，一个字形代表一个意义。流传至今的彝字，云南有14200余个，贵州有7000余个，四川、广西等地也有。这些彝字，从结构上看，有点、横、竖、撇、横折、竖折、撇折、弧形、圆形、曲线等笔画。笔顺一般从上到下，从左到右，先外后内，弧形、圆形、曲线可以随意书写。

彝文一般由主干和若干附加符号组成，其中包括少量意符。也有一部分彝字是由独体字组合而成的合体字。独体字多，合体字少。从造字法上分析，大致有象形、会意、指事和假借四类。

番薯、玉米、土豆、花生、西红柿引进

明代中后期，农业生产得到发展，多种农作物如番薯、玉米、马铃薯、花生、西红柿等的引进起到很大作用。它们都原产美洲。

番薯在明代文献中称白蓣、红蓣、紫蓣、红薯、金薯、番芇、红山药等，产量高，极易栽种。十五六世纪，葡萄牙、西班牙人将它传到非洲、印度和印尼、菲律宾等地，再由陆、海路传进中国。

陆路是自印度、缅甸到云南，在16世纪三四十年代。海路是由菲律宾到福建，还有越南到广东，在16世纪七八十年代。《闽小记》载："万历中，闽人得之外国……初种于漳郡，渐及泉州，渐及莆。"又据《金薯传习录》说：万历二十一年（1593），福建长乐县商人陈振龙从吕宋带回薯蔓，在家乡试种。

清代《东莞凤岗陈氏族谱》说东莞人陈益于万历十年（1582）将薯种从越南带回东莞。徐光启则是最早把番薯从岭南引种至长江流域的人。

玉米明代文献称御麦、玉麦、西番麦、玉蜀黍、玉高粱等。明代兰茂（1397 ~ 1476）所著《滇南本草》卷二中有关于玉米的记载："玉麦须，味甜，性微温，入阳明胃经……"可见最迟于15世纪玉米已传入我国，途径一由缅甸、印度入云南，一从东南沿海传浙江、福建和广东。此外也可能从中亚细亚沿丝绸之路引进。在明代，玉米种植尚不广泛。《本草纲目》称："玉蜀黍种出西土，种者亦罕。"

土豆即马铃薯或洋芋。大约在明末传入我国。清顺治七年（1650）荷兰人在台湾曾见到当地人栽培马铃薯，称之为"荷兰豆"（何炳棣《美洲作物的引进、传播及其对粮食生产的影响》）。大陆开始栽培马铃薯在17世纪后期，《致富纪实》载："洋芋，出俄罗斯。"从俄国入我国东北也是一条引进途径。

花生古代文献中称地豆、番豆、白果、长生果、万寿果、人参果等，过去认为我国花生由南美洲传入，但上世纪50年代以来先后往浙江吴兴钱山漾和江西修水山背遗址中发现五六千年前的碳化花生，故有人认为我国也是其原产地之一。关于花生的传入引起争议。嘉靖元年（1522），葡萄牙人被驱出广州后便在漳州、泉州等港非法通商，落花生也随着输入。花生的记载最早是嘉靖《常熟县志》、万历《嘉定县志》和黄省曾的《种芋法》、王世懋的《学圃杂疏》。

西红柿又称番茄。大约在16世纪末或17世纪初的万历年间引入。万历四十一年（1613）山西《猗氏县志·物产·果类》和四十五年（1617）赵山函所撰《植品》都有"西番柿"的记载。番柿即番茄。番茄引进我国后，传播十分缓慢。

《神童诗》、《千家诗》成为流行课本

《神童诗》、《千家诗》是中国古代专为学童编写或选编的，在小学、书馆、私塾、村学等蒙学中进行启蒙教育的课本。

中国古代的蒙学课本是从字书发轫的。早在周代就有了供学童识字、习

字用的书。此后历代几乎都有编写。尤其唐宋以后，蒙学教育进一步发展，印刷术发明后，蒙学课本更加丰富。其内容有以识字教育为主的综合性识字课本；以封建道德教育为主的蒙学论理课本；以社会、自然常识教育为主的知识性课本；以提高阅读能力为主要目的的故事课本；以陶冶儿童性情的诗歌读本等。《神童诗》、《千家诗》属于最后一类。

古代蒙学教育十分重视用咏歌古诗“以养其性情”。唐宋以后，诗歌成了蒙学教育学中固定的教学内容。较早为学童编写的诗歌集是唐胡曾的《咏史诗》。宋以后，尤其是明代，《神童诗》、《千家诗》和《唐诗三百首》成为蒙学的流行课本。

《神童诗》的思想性和艺术性均属低劣，第一首就宣扬“万般皆下品，唯有读书高”。由于封建统治阶级的提倡，曾长期在蒙学中传诵。

《千家诗》有多种体裁和版本，南宋刘克庄编选的诗集《分门纂类唐宋时贤千家诗选》为最早的版本。克庄号称“后村居士”，故《千家诗》又称《后村千家诗》，共22卷。后来作为蒙学诗歌读本的《千家诗》就是在此基础上选录编订的。署名为王相选注的《新镌五言千家诗》和署名为谢枋得选、王相注的《重订千家诗》流传比较广泛。后来这两种《千家诗》被合而为一，成为五七律绝的《千家诗》，流传不衰。《千家诗》共选诗200余首，包括不少脍炙人口的名篇，如李白的《静夜思》、苏轼的《饮湖上初晴后雨》等等。大部分语言流畅，词句浅近，易读易记，从而使《千家诗》成为蒙学中主要的诗歌教材。后来，清代孙珠又择唐诗中脍炙人口之作，编成《唐诗三百首》，署名蘅塘居士印行。该书出版后“风行海内，几至家置一编”，不仅在蒙学，也成为社会上十分流行的诗歌集。